Cruster PRC

Programa Reconocimientos
Continuados

ENVÍE DIGITALMENTE SUS ELOGIOS Y RECONOCIMIENTOS

TE OBSEQUIAMOS LAS MEMBRESIAS A DOS PORTALES WEB, CON LA ADQUISICIÓN DE UNO DE LOS LIBROS DEL CLUSTER PRC.

Diríjase a las páginas:

web www.elogio.online - www.reconocimiento.online

"LO QUE CAPTA LA ATENCIÓN DETERMINA LA ACCIÓN"

WILLIAM JAMES (1842-1910)

FILÓSOFO ESTADOUNIDENSE QUE DESARROLLÓ LA FILOSOFÍA DEL PRAGMATISMO.

"Conferir elogios, refuerza actitudes".

PRIAMO RODRIGUEZ

ÍNDICE

Estamos emocionados de presentar la segunda entrega de la trilogía Clúster del PRC: Tarjetas Interpersonales de Elogios.

Este libro está diseñado para ser una herramienta eficaz para mejorar las relaciones interpersonales y reconocer el trabajo bien hecho. Basado en el postulado "AUMENTO LO QUE RESALTO", estas tarjetas son una forma informal y efectiva de ofrecer reconocimiento a empleados, compañeros de trabajo, empresarios, hijos, hermanos y más.

La trilogía Clúster del PRC es un programa completo para mejorar las actitudes positivas y recompensar los resultados.

En la primera entrega, Aumento lo que Resalto, se proporciona una guía práctica para la ejecución del programa, incluyendo un marco conceptual y una guía de implementación detallada.

La tercera entrega, Certificados de Reconocimiento, ofrece herramientas formales para reforzar actitudes positivas y recompensar resultados.

No espere más para mejorar sus relaciones interpersonales y reconocer el trabajo bien hecho. Aplique hoy mismo las Tarjetas Interpersonales de Elogios y transforme su vida y la de los demás. ¡Aumente lo que resalte y vea los resultados positivos florecer!

SINOPSIS

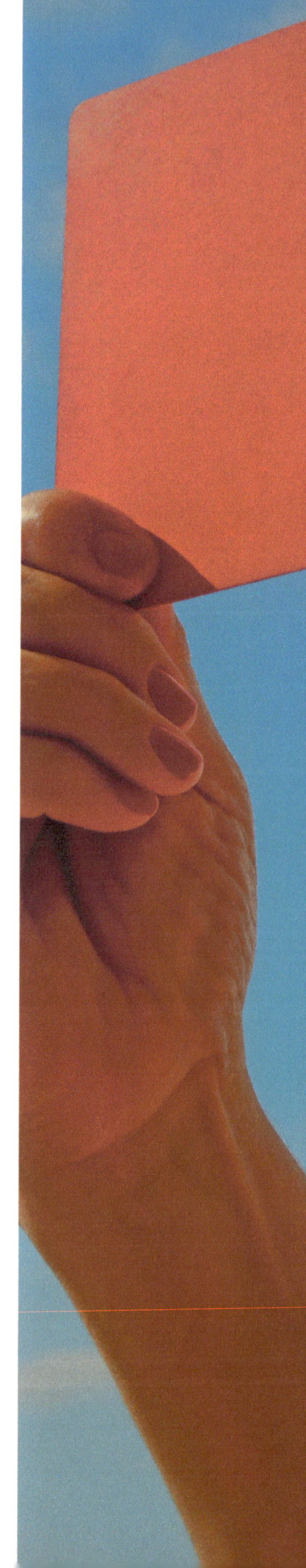

El Libro Tarjetas Interpersonales de Elogios es una publicación que forma parte de la trilogía Clúster del PRC, y está destinado a mejorar las relaciones interpersonales, reconocer el trabajo bien hecho y aumentar las buenas actitudes.

Este libro es una herramienta informal para conferir reconocimiento dentro del Programa de Reconocimientos Continuados (PRC) basado en el postulado "Aumento lo que Resalto".

La publicación incluye tarjetas interpersonales de elogios diseñadas específicamente para este programa, publicada en un libro por separado, lo que permite a los compradores ahorrar en costos de adquisición.

Cada tarjeta es una forma efectiva y personal de reconocer el trabajo bien hecho y alentar a las personas a continuar desempeñándose de manera positiva.

Con este libro, los empleados, compañeros de trabajo, empresarios, hijos, hermanos, entre otros, podrán fortalecer sus relaciones y aumentar el ambiente positivo en su entorno laboral o personal.

¡Aplique hoy mismo las Tarjetas Interpersonales de Elogios y haz una diferencia en las vidas de las personas que te rodean!

CAMBIAR EL MUNDO

*"**Lo que capta la atención determina la acción**"*,
William James, (1842-1910).
Filósofo estadounidense que desarrolló la filosofía del pragmatismo.

Las Tarjetas Interpersonales de Elogios son una herramienta valiosa en la construcción de un mundo mejor.

En un mundo cada vez más competitivo y estresante, es fácil perder de vista las cosas buenas y positivas que ocurren a nuestro alrededor. Sin embargo, al utilizar las tarjetas de elogios, podemos resaltar los logros y buenas acciones de las personas, generando un efecto positivo en su estado de ánimo y en la forma en que perciben su entorno.

Al reconocer y elogiar lo bien hecho, no solo se está haciendo una acción bondadosa, sino que también se está creando un ciclo positivo. La satisfacción y la motivación que resultan del elogio generan un aumento en la confianza y la autoestima, lo que a su vez conduce a más buenas acciones y logros. De esta manera, el uso de las Tarjetas Interpersonales de Elogios puede ser un catalizador para un cambio positivo en el mundo.

Además, el reconocimiento puede fortalecer las relaciones interpersonales y crear un ambiente de trabajo más colaborativo y armonioso. Al hacer que las personas se sientan valoradas y apreciadas, se está generando un ambiente en el que las personas se sientan más dispuestas a ayudarse mutuamente y a trabajar juntas para alcanzar metas comunes.

En resumen, el uso de las Tarjetas Interpersonales de Elogios puede ser un paso importante hacia la creación de un mundo más positivo y colaborativo. Al enfocarse en lo bueno y resaltarlo, podemos generar un cambio positivo en las personas, en las relaciones interpersonales y en el mundo en general.

COSECHAMOS LO QUE SEMBRAMOS

La frase "Al final del camino, cosechamos lo que sembramos", es una reflexión profunda sobre cómo nuestras acciones tienen un impacto en el resultado final de nuestras vidas. En el ámbito laboral, esto se puede aplicar a cómo trabajamos y nos relacionamos con los demás. La clave para cosechar éxitos y satisfacción en el trabajo es sembrar actitudes positivas, reconociendo y resaltando el trabajo bien hecho y la excelencia en el desempeño.

Es aquí donde entran en juego las Tarjetas Interpersonales de Elogios, que son una herramienta efectiva para resaltar las acciones positivas y promover un ambiente de reconocimiento en el lugar de trabajo. Al utilizarlas de manera consistente, se puede crear un hábito de valorar y apreciar el trabajo de los demás, lo cual puede tener un impacto positivo en la moral y motivación de los empleados.

Sin embargo, es importante tener en cuenta que lograr un cambio en la cultura laboral no es algo que suceda de la noche a la mañana. Requiere de un esfuerzo continuo y consistente por parte de todos los involucrados. Al utilizar las Tarjetas Interpersonales de Elogios para resaltar la excelencia y las acciones positivas, estamos sembrando las semillas del éxito y la satisfacción en el trabajo. Con el tiempo, esas semillas germinarán y producirán los frutos que esperamos cosechar.

En resumen, la frase "Al final del camino, cosechamos lo que sembramos" se aplica perfectamente a cómo utilizar las Tarjetas Interpersonales de Elogios para resaltar lo bueno y promover un ambiente positivo en el lugar de trabajo. Al hacerlo, estamos sembrando las semillas del éxito y la satisfacción, y con el tiempo, cosecharemos los frutos de nuestras acciones positivas.

PROPÓSITO

La utilización de Tarjetas Interpersonales de Elogios es una excelente manera de resaltar las actitudes positivas y el trabajo bien hecho en los demás. Sin embargo, para que esto tenga un impacto real y duradero, es importante crear un hábito de su uso en nuestra vida diaria.

La constancia es clave a la hora de formar un hábito y esto es aplicable a la utilización de las tarjetas. Al igual que con cualquier otro hábito, debemos tener una rutina establecida que nos permita utilizarlas de manera regular. Por ejemplo, podemos establecer un momento diario o semanal para enviar o entregar una tarjeta a alguien que haya hecho algo positivo o que haya demostrado una actitud positiva.

Otro aspecto importante es el reconocimiento sincero y auténtico. Las tarjetas no deben ser utilizadas como un simple gesto superficial, sino que deben ser entregadas con verdadera intención de reconocer y apreciar a la persona que las recibe. La sinceridad y autenticidad harán que la tarjeta tenga un impacto mucho mayor en la persona conferida.

Además, es importante involucrar a otros en nuestro hábito de utilizar las tarjetas. Podemos motivar a amigos, familiares o compañeros de trabajo a utilizarlas y a compartir su impacto positivo en sus vidas. De esta manera, podemos multiplicar los efectos positivos de las tarjetas y crear una cultura de reconocimiento y apreciación en nuestro entorno.

En conclusión, crear un hábito de utilizar las Tarjetas Interpersonales de Elogios es una forma efectiva de resaltar las actitudes positivas y el trabajo bien hecho en los demás, y lograr que estos comportamientos prevalezcan y aumenten en la persona conferida. Con constancia, sinceridad y autenticidad, podemos generar un impacto positivo en nuestra vida y en la de los demás.

CONFERIR

A alguien que lo merezca

BASES PARA EL USO DE LAS TARJETAS INTERPERSONALES DE ELOGIOS

CUALQUIER EMPLEADO PODRÁ CONFERIR UNA TARJETA A CUALQUIER OTRO EMPLEADO Y ESTE EXHIBIRLA TODO EL TIEMPO QUE QUIERA

La idea central es reconocer un trabajo bien hecho, por medio de una tarjeta interpersonal que tenga una frase afín al "asunto resaltado", firmándola y agregando felicitaciones personalizadas.

Por medio de las Tarjetas Interpersonales de elogios, independientemente de los resultados del trabajo, se podrán agradecer las actitudes y valores positivos que hayan favorecido el ambiente laboral del personal.

Como parte de este mecanismo de reconocimiento, ponemos a disposición las tarjetas interpersonales de elogios que podrán otorgarse entre compañeros, de supervisores a supervisados o viceversa.

Las tarjetas podrán exhibirse pegada a su vestuario, escritorio, computadoras, herramientas de trabajo, etc.

CONCLUSIÓN

Es cierto que cada uno de nosotros tiene el control de su propio destino y el camino que queremos seguir. Mantener nuestra atención en nuestros ideales y principios es un primer paso importante para lograr nuestras metas y alcanzar el éxito. Sin embargo, a veces es fácil perder el enfoque y sentirse desanimado. Es aquí donde entran en juego las Tarjetas Interpersonales de Elogios.

Estas tarjetas son una herramienta poderosa para ayudarnos a mantener el enfoque en lo positivo y en lo que queremos lograr. Al resaltar las acciones loables y el trabajo bien hecho, no solo aumentamos la autoestima de la persona a la que se les brinda el reconocimiento, sino que también nos motivamos a nosotros mismos a seguir adelante. Además, al crear un hábito de dar y recibir elogios, podemos fomentar un ambiente positivo y colaborativo en el que todos podamos crecer y alcanzar nuestras metas.

En resumen, el proceso de atención y acción es clave para lograr nuestro destino. Y utilizar las Tarjetas Interpersonales de Elogios es una forma efectiva de mantener nuestra atención en lo positivo y actuar de manera consecuente con nuestro propósito de existencia. Al final del camino, cosechamos lo que sembramos, y es importante sembrar acciones positivas y loables, y resaltar lo bueno en los demás para crear un camino positivo para nosotros mismos y los demás.

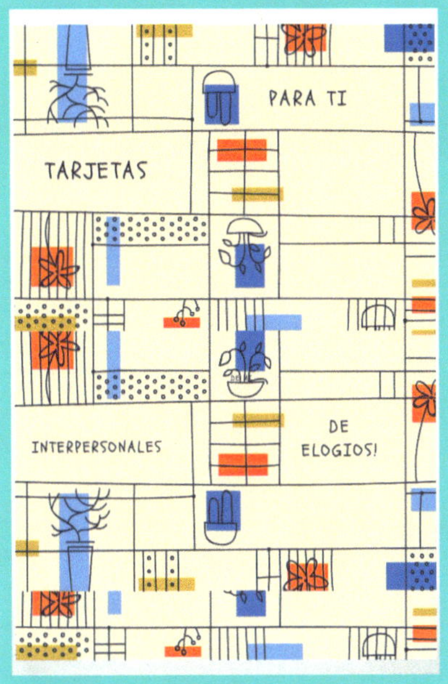

TARJETAS DE ELOGIOS

Las tarjetas interpersonales de elogios que se presentan a continuación están dispuestas para ser recortadas y conferidas, completando el espacio al dorso previsto para el mensaje personalizado sobre el elogio.

Las tarjetas se deben recortar del libro, completarse el nombre a quien se confiere y el de quien la otorga, y al dorso dedicarle un comentario al hecho o actitud que se otorga reconocimiento.

Este libro es un medio y el hecho de que las tarjetas interpersonales se recorten y usen, denota que se implementó el método.

Al conferir los elogios sean específicos, auténticos, diferentes e inesperados y tendrán la certeza que lograran aumentar la actitud o el trabajo bien hecho.

Envíe directamente sus tarjetas de elogios, diríjase a la página web www.elogio.online, registre y use su membresía que le otorga la compra de este libro.

CLASIFICACIÓN DE TARJETAS POR CATEGORÍAS

A continuación, se identifican por categorías de mensajes las tarjetas de elogios. Para localizar las tarjetas en cada clasificación; se dispone en la parte superior derecha de cada tarjeta, de un número en orden ascendente.

ACCIÓN

156, 142, 25, 117, 97, 189, 28, 176, 52, 96, 51, 85.

ACOGIDA

19, 39, 58, 152, 178, 143, 5, 110, 180, 166, 101, 47.

ACTITUD

118, 42, 50, 161, 89, 54, 162, 80, 163, 23, 44, 160, 92, 126, 81, 68, 111, 22, 105, 171, 169, 18, 177, 146, 183, 90, 154, 182, 195, 4, 124, 82, 99, 102, 103, 106, 172, 148, 100, 91, 29, 88, 87, 93, 132, 27, 104, 197, 32, 71, 192, 59, 35, 179, 193, 95, 33, 151, 86, 98, 141, 194, 153, 125, 184, 53, 181, 149, 199, 129, 158, 78, 157, 135, 94, 168, 190, 56, 108, 62, 79.

CALIDAD

186.

CAMBIO

121, 65, 14, 134, 112, 122, 147, 159, 67, 136, 174.

CELEBRACIÓN

128, 64, 26.

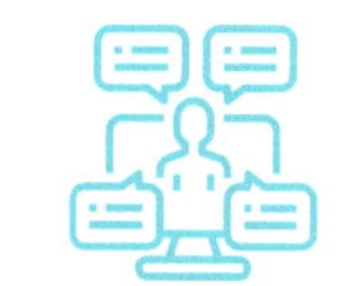

COMUNICACIÓN

43, 84, 2.

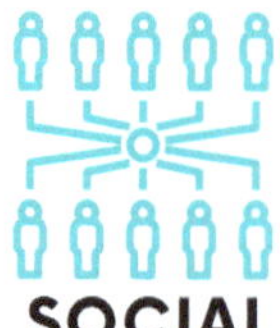

SOCIAL

109.

CUALIDAD

69, 115, 133, 11.

EQUIPO

1, 34, 2.

EXCELENCIA

7, 175.

FELICITACIÓN

6

GRATITUD

14, 120, 72.

HÁBITO

130, 167, 198.

IDEA

119, 12, 144.

DEBER

137, 138.

META

9, 8, 16, 185, 10

PRODUCTIVIDAD

164, 116, 165, 61.

RECOMPENSA

139, 140, 145, 191, 196

RECONOCIMIENTO

37, 74, 77, 83, 113, 114, 131, 150, 155, 173, 187, 188, 24.

RÉCORD

13, 200.

SERVICIO

63, 30, 31, 107, 17, 49, 55, 60, 70, 40, 46.

SIN CATEGORIA

73, 20, 123, 170, 36, 48, 66, 45, 57, 21, 38, 41, 127.

Elogios listos para recortar, completar y conferir.

Diseños ®

Impresión del Dorso:
Espacio para mensaje personalizado sobre el elogio
conferido en la parte frontal.

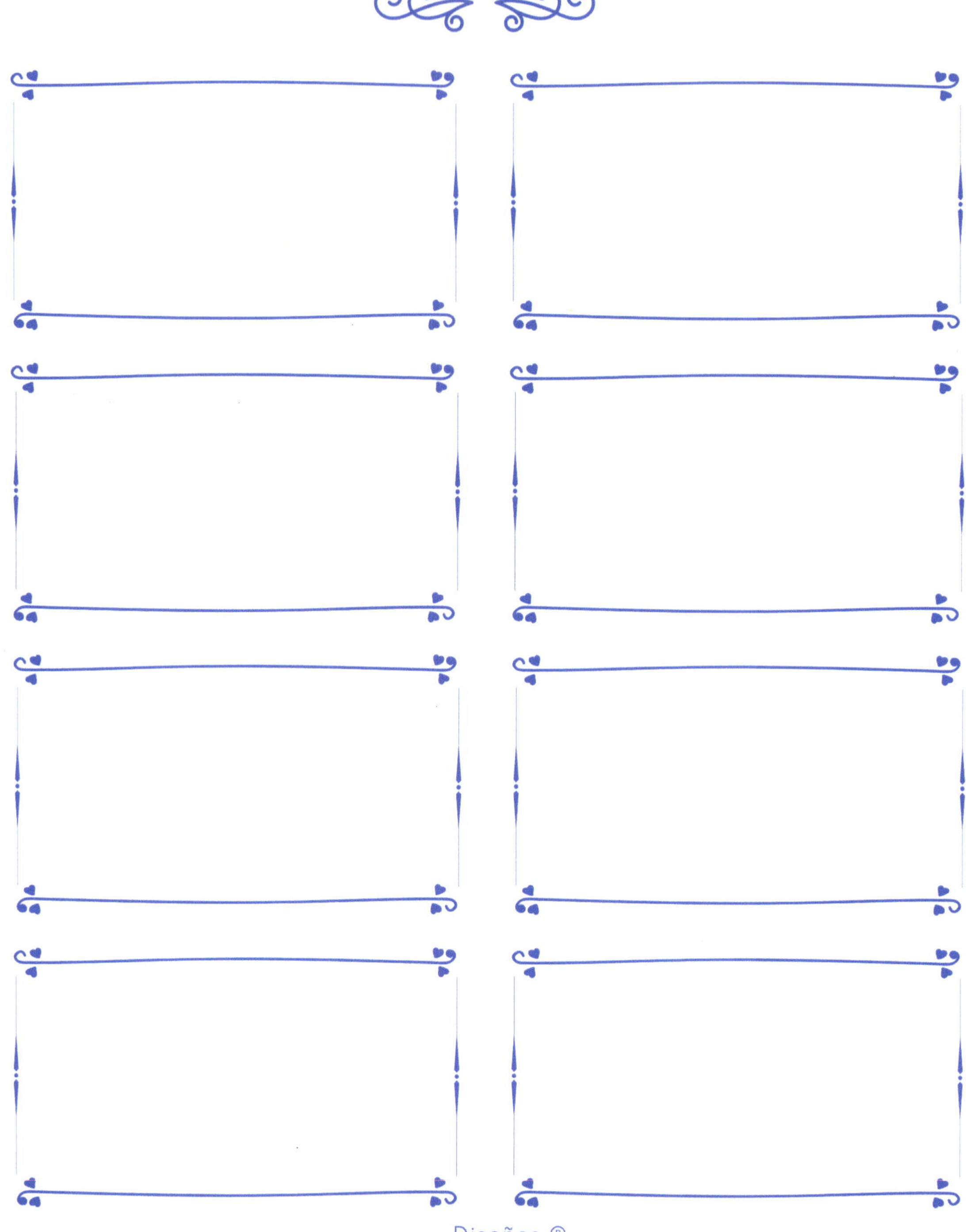

Diseños ®

Elogios listos para recortar, completar y conferir.

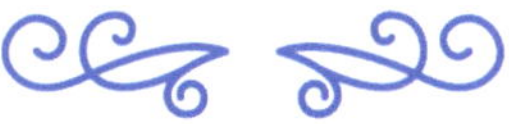

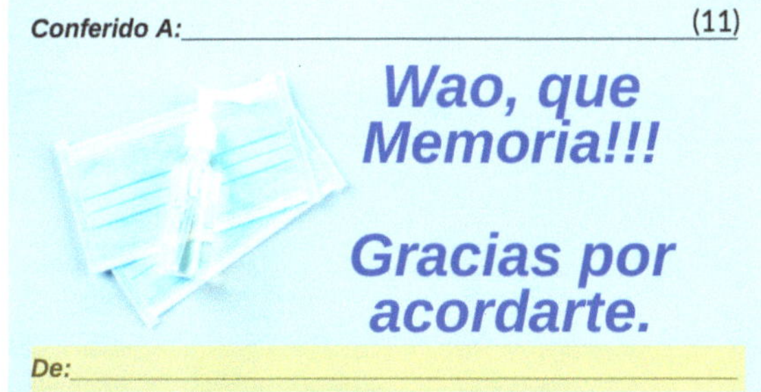

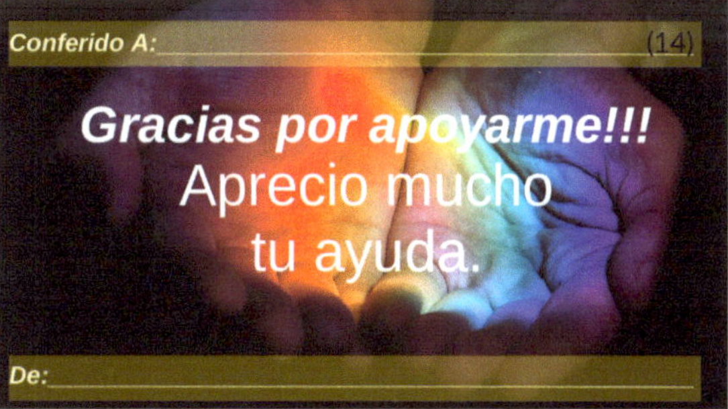

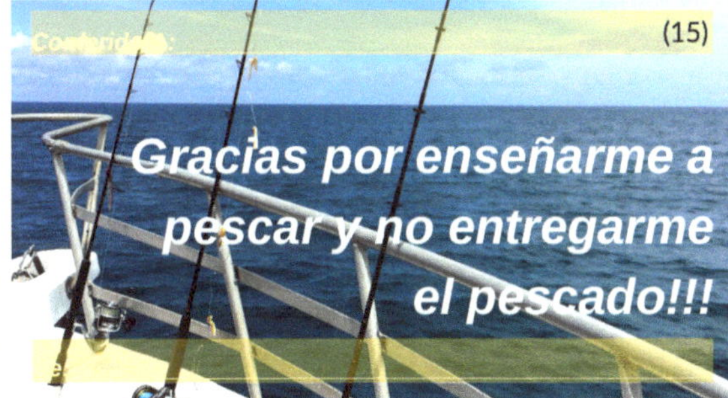

Diseños ®

TARJETAS INTERPERSONALES DE ELOGIOS

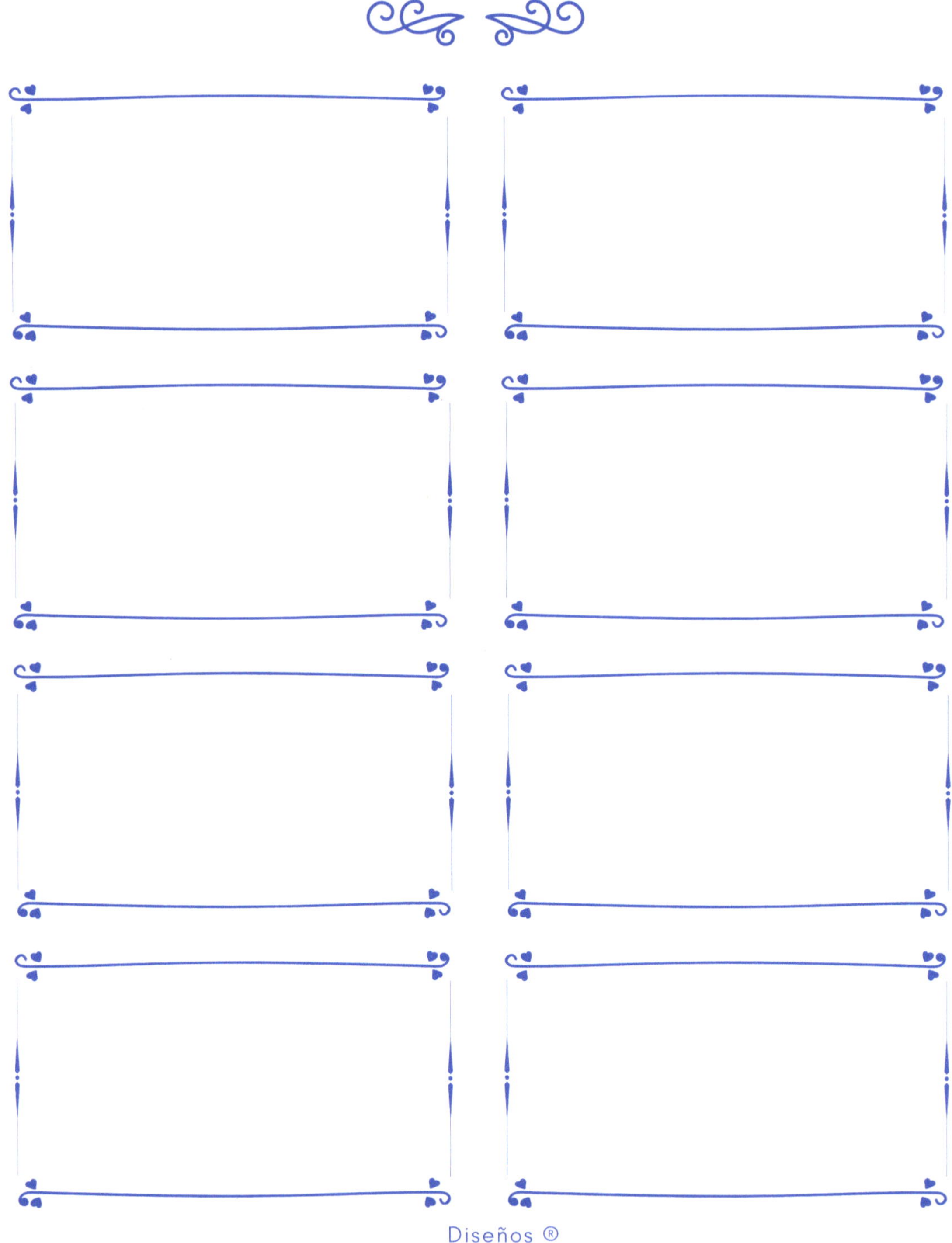

Diseños ®

Elogios listos para recortar, completar y conferir.

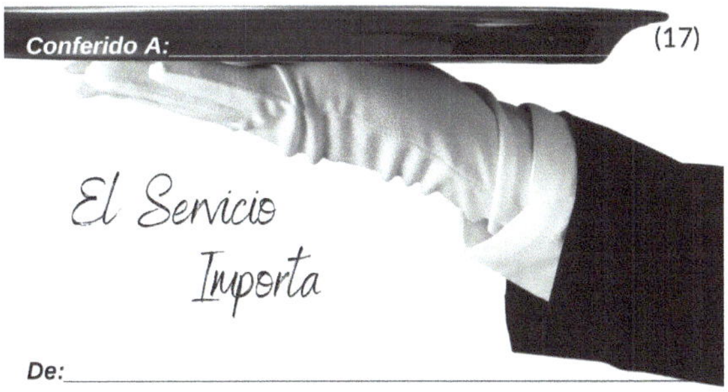

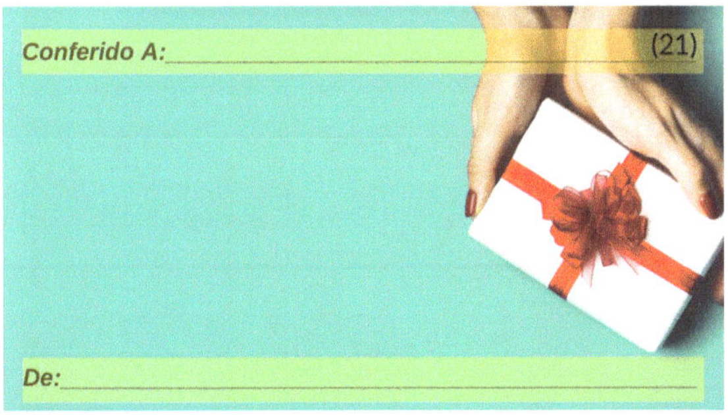

Conferido A: _______________ (17)

El Servicio
Importa

De: _______________

Conferido A: _______________ (18)

De: _______________

Conferido A: _______________ (19)

De: _______________

Conferido A: _______________ (20)

De: _______________

Conferido A: _______________ (21)

De: _______________

Conferido A: _______________ (22)

De: _______________

Conferido A: _______________ (23)

De: _______________

Conferido A: _______________ (24)

De: _______________

Diseños ®

TARJETAS INTERPERSONALES DE ELOGIOS

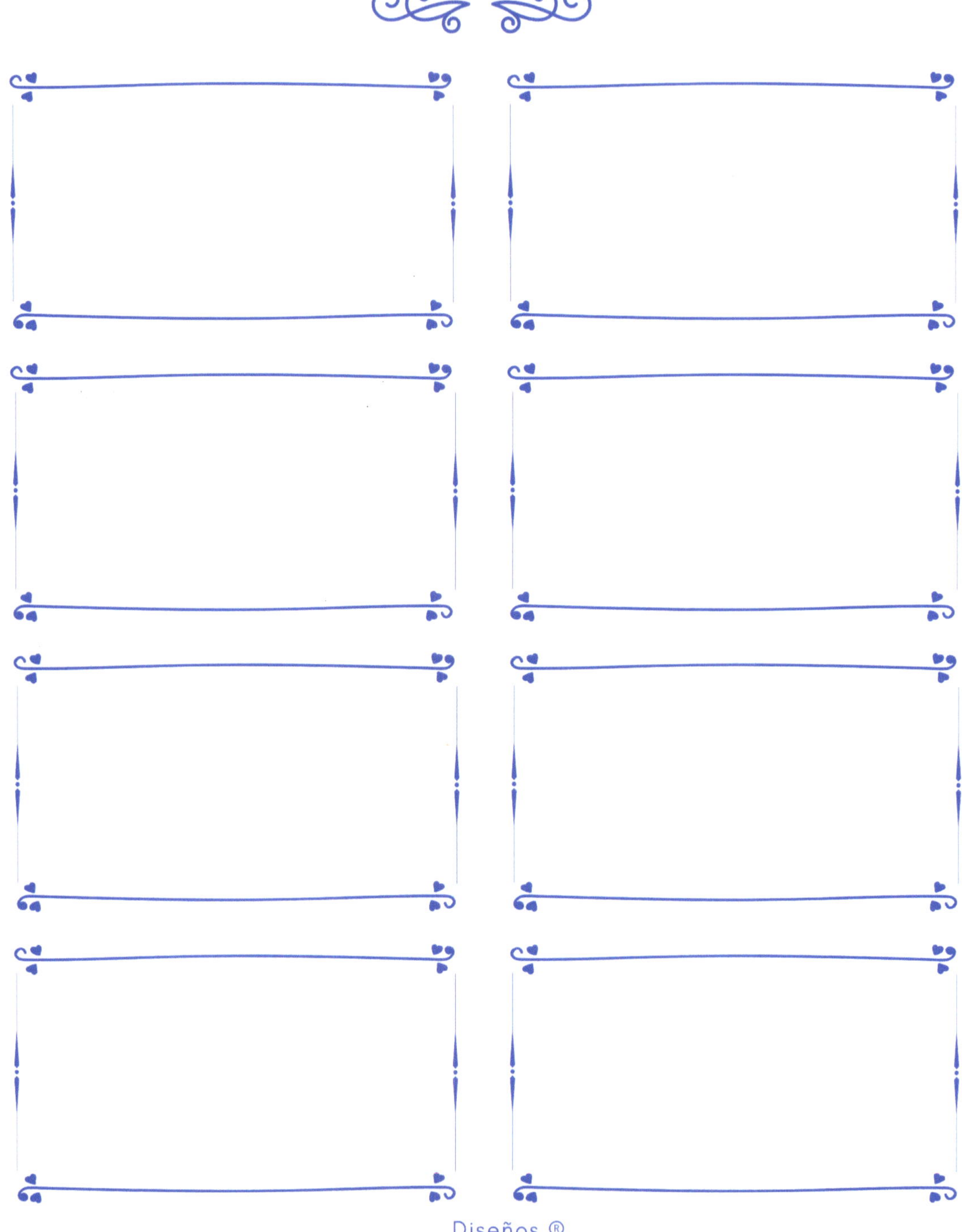

Diseños ®

Elogios listos para recortar, completar y conferir.

(25) Conferido A:

¡Comencé un día creativo!

De:

(26) Conferido A:

De:

(27) Conferido A:

¡MOTIVACIÓN CARGANDO!

De:

(28) Conferido A:

¡Estar aquí ahora!

De:

(29) Conferido A:

De:

(30) Conferido A:

De:

(31) Conferido A:

De:

(32) Conferido A:

De:

Impresión del Dorso:
Espacio para mensaje personalizado sobre el elogio
conferido en la parte frontal.

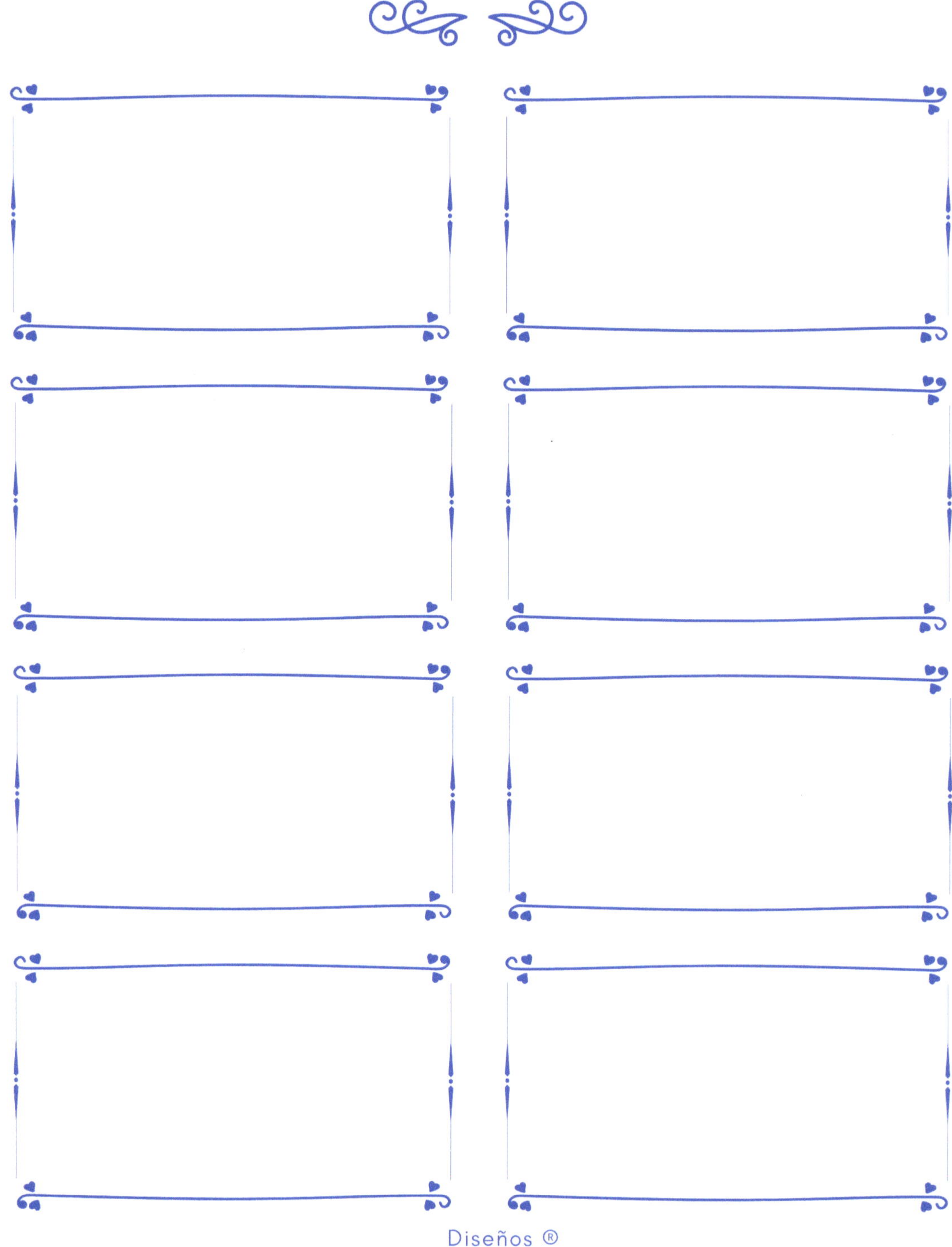

Diseños ®

Elogios listos para recortar, completar y conferir.

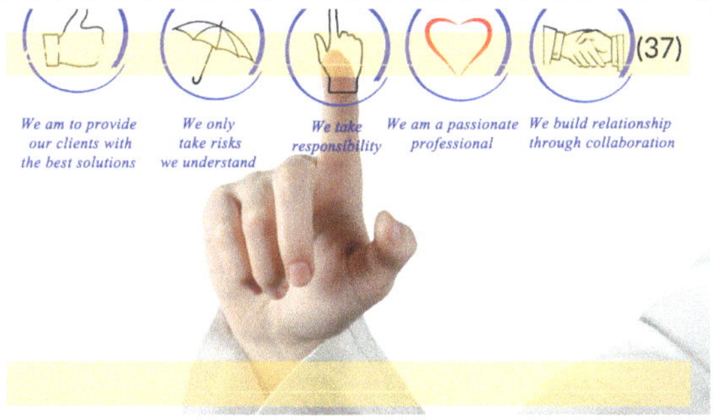

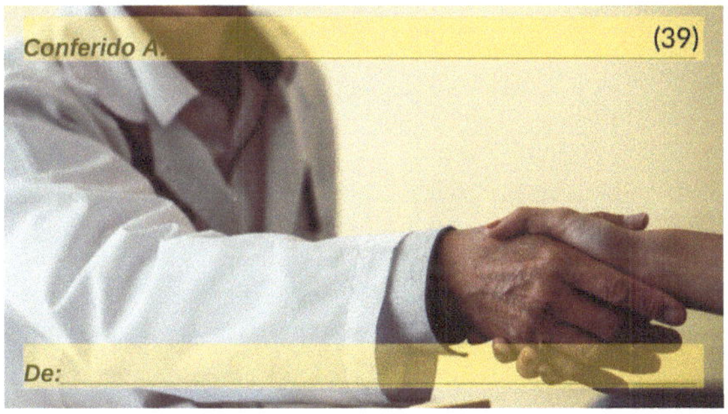

Conferido A: (33)

De:

Conferido A: (34)

De:

Conferido A: (35)

De:

Conferido A: (36)

Conferido A: (37)

Conferido A: (38)

De:

Conferido A: (39)

De:

Conferido A: (40)

De:

Diseños ®

Impresión del Dorso:
Espacio para mensaje personalizado sobre el elogio
conferido en la parte frontal.

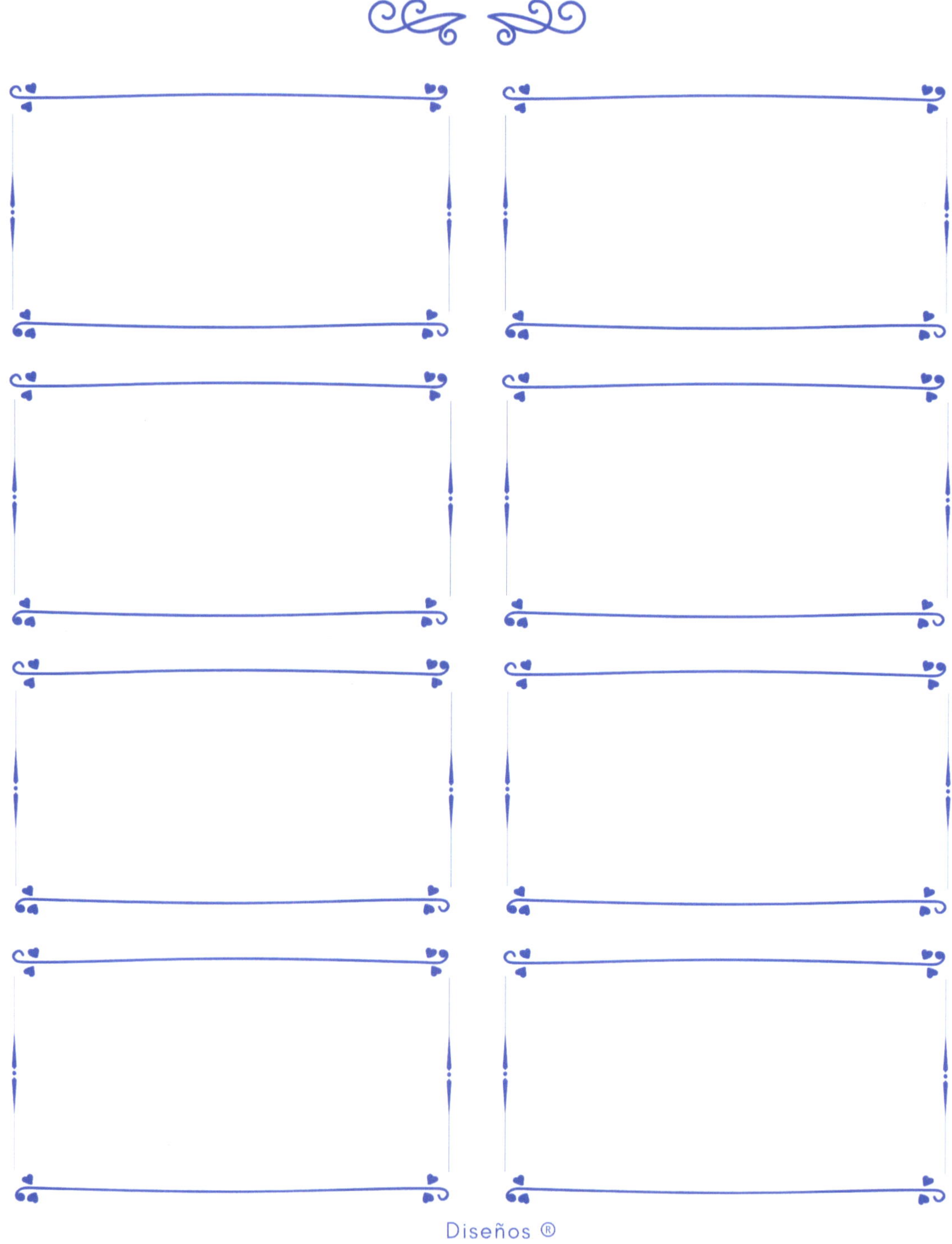

Diseños ®

Elogios listos para recortar, completar y conferir.

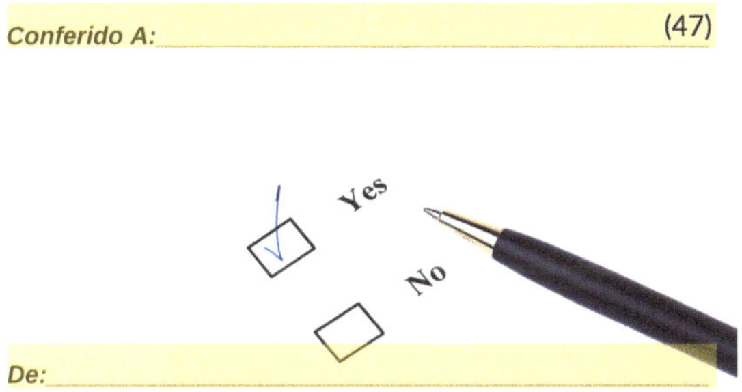

Conferido A: (41)
De:

Conferido A: (42)

De:

Conferido A: (43)
De:

Conferido A: 44

De:

Conferido A: (45)
De:

Conferido A: (46)

De:

Conferido A: (47)

De:

Conferido A: (48)
De:

Diseños ®

TARJETAS INTERPERSONALES DE ELOGIOS

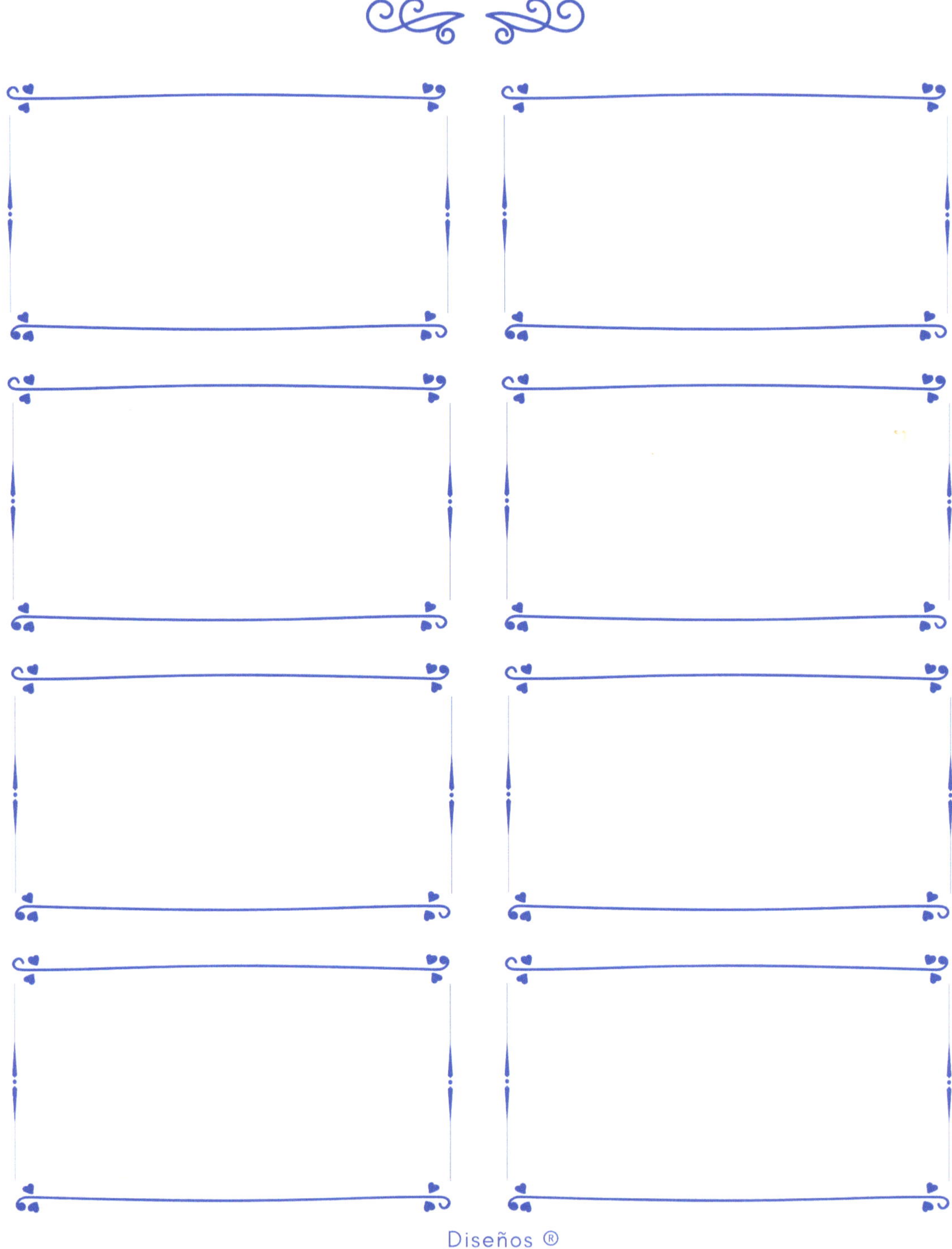

Diseños ®

Elogios listos para recortar, completar y conferir.

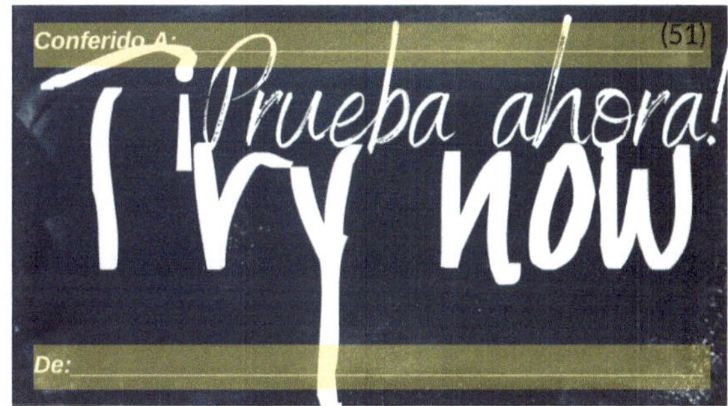

Diseños ®

Impresión del Dorso:
Espacio para mensaje personalizado sobre el elogio
conferido en la parte frontal.

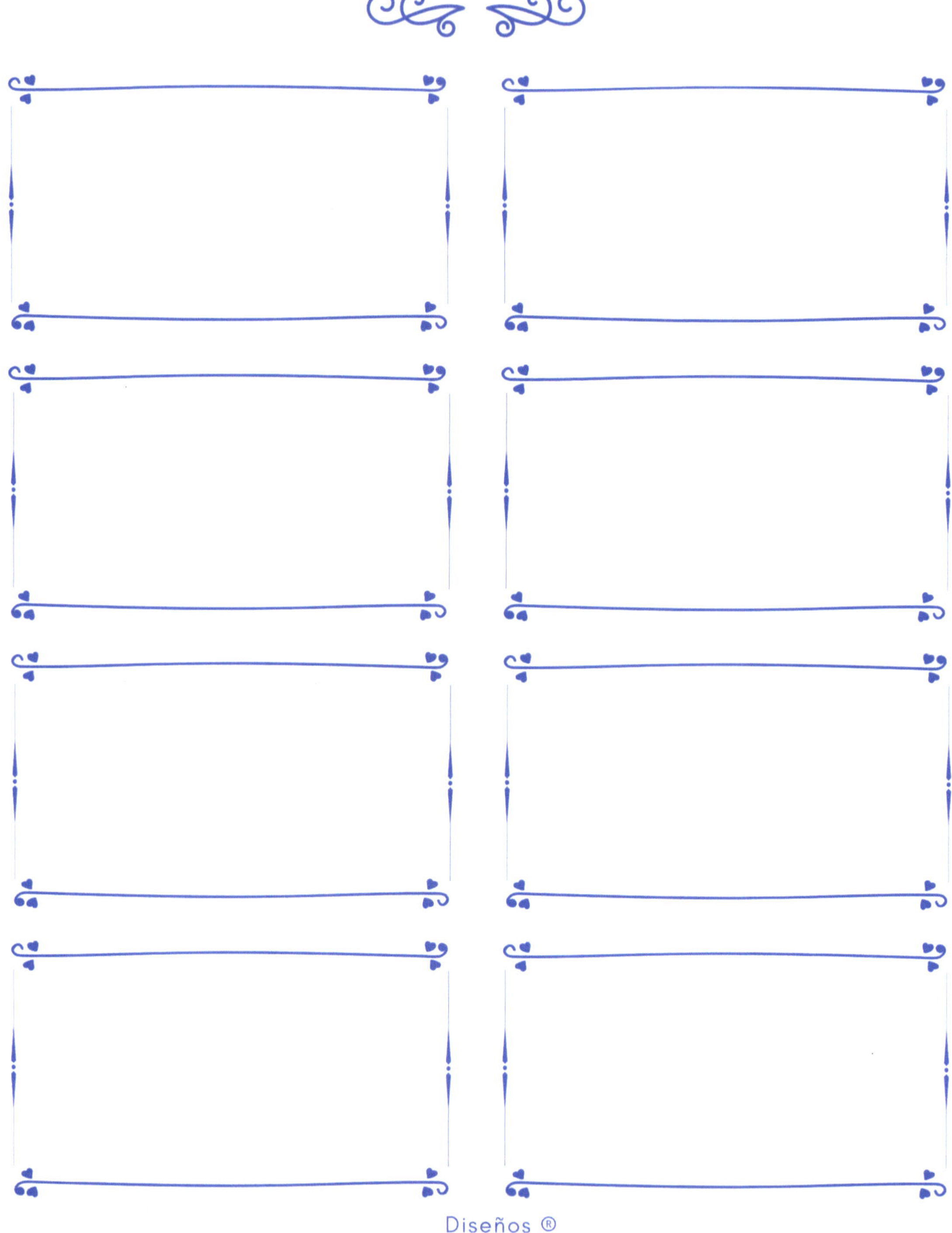

Diseños ®

Elogios listos para recortar, completar y conferir.

Conferido A: _____________ (57)	Conferido A: _____________ (58)

De:

De:

Conferido A: _____________ (59)	Conferido A: _____________ (60)

De:

De:

Conferido A: _____________ (61)	Conferido A: _____________ (62)

De:

De:

Conferido A: _____________ (63)	Conferido A: _____________ (64)

De:

De:

Diseños ®

Impresión del Dorso:
Espacio para mensaje personalizado sobre el elogio
conferido en la parte frontal.

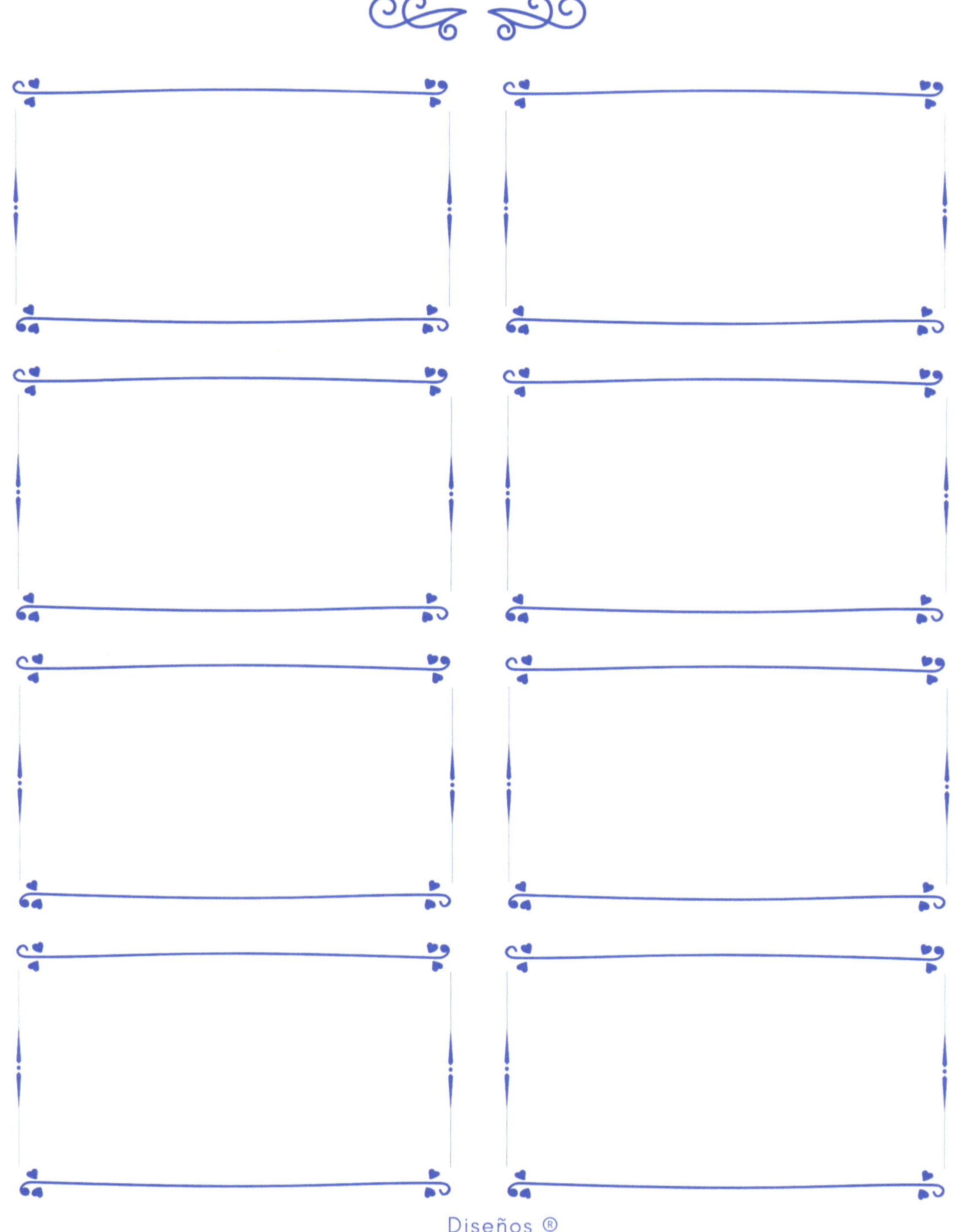

Diseños ®

Elogios listos para recortar, completar y conferir.

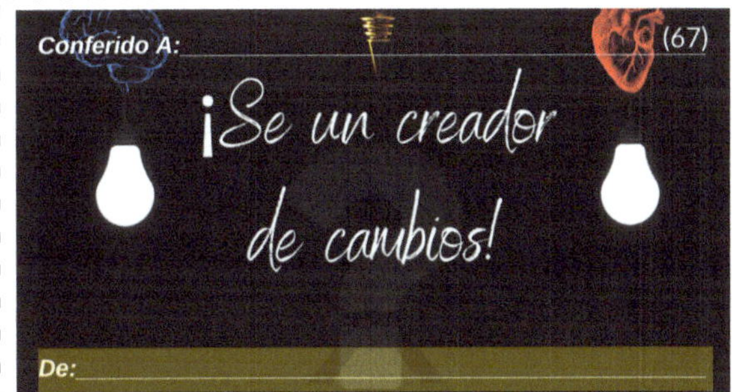

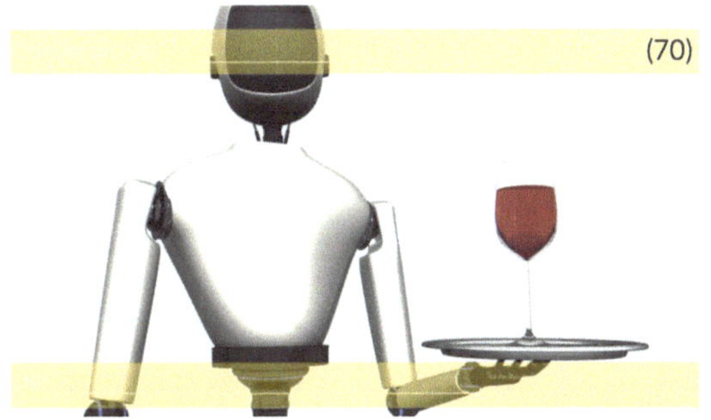

Diseños ®

Impresión del Dorso:
Espacio para mensaje personalizado sobre el elogio
conferido en la parte frontal.

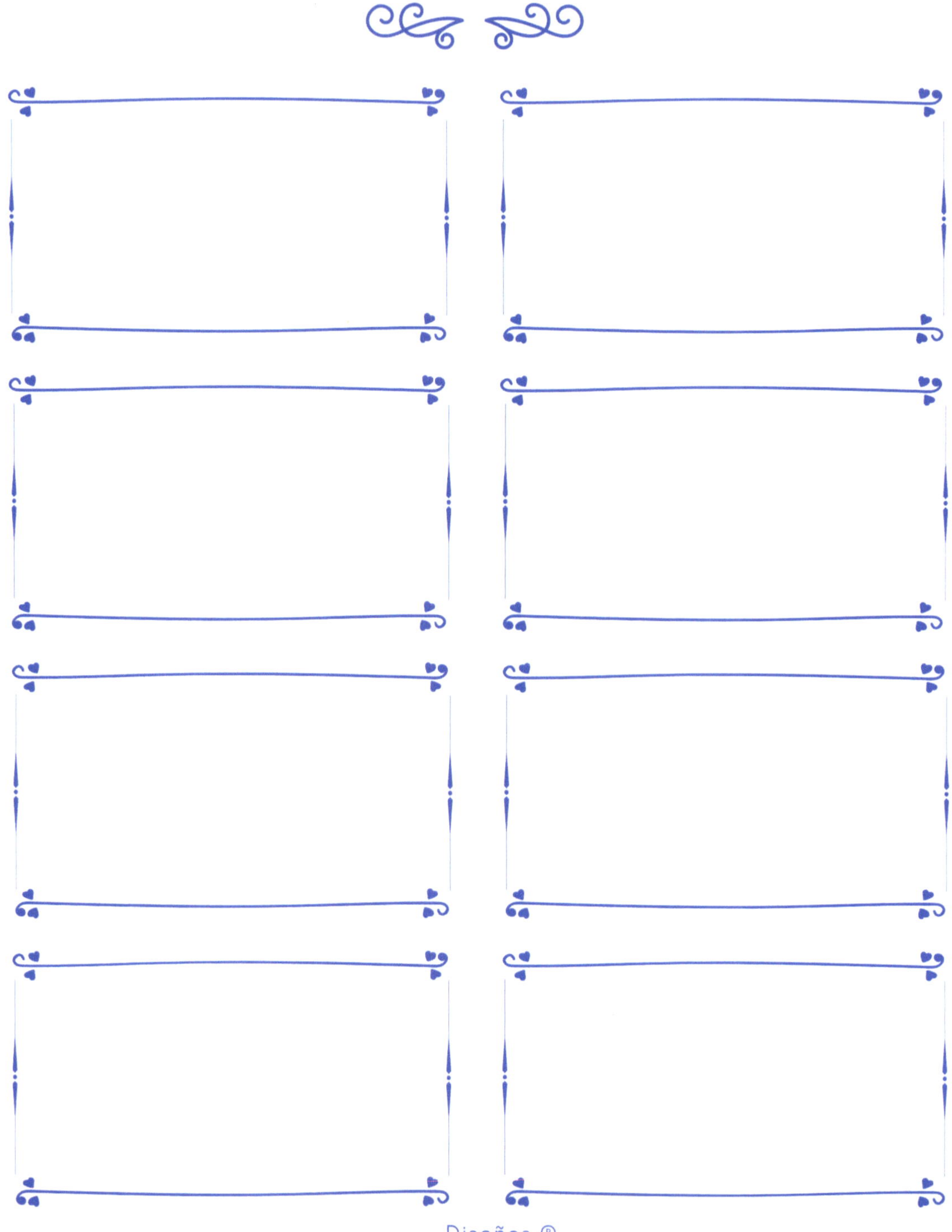

Diseños ®

Elogios listos para recortar, completar y conferir.

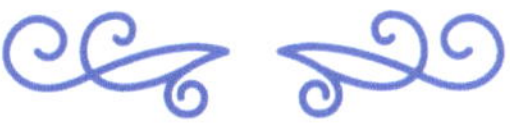

Conferido A:________________________ (73)

De:________________________

Conferido A:________________________ (74)

De:________________________

Conferido A:________________________ (75)

De:________________________

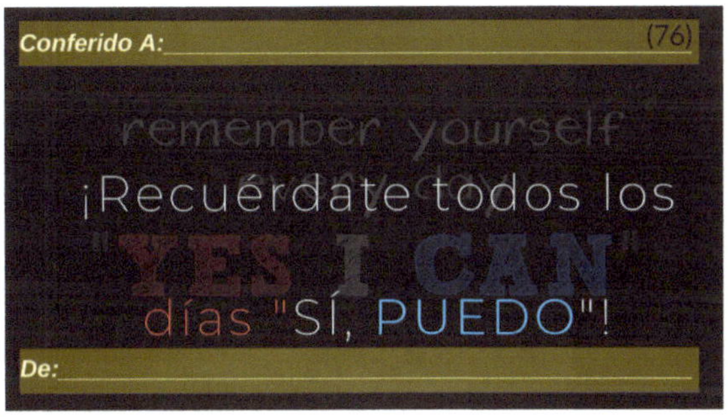

Conferido A:________________________ (76)

De:________________________

Conferido A:________________________ (77)

De:________________________

Conferido A:________________________ (78)

De:________________________

Conferido A:________________________ (79)

De:________________________

Conferido A:________________________ (80)

De:________________________

Diseños ®

Impresión del Dorso:
Espacio para mensaje personalizado sobre el elogio
conferido en la parte frontal.

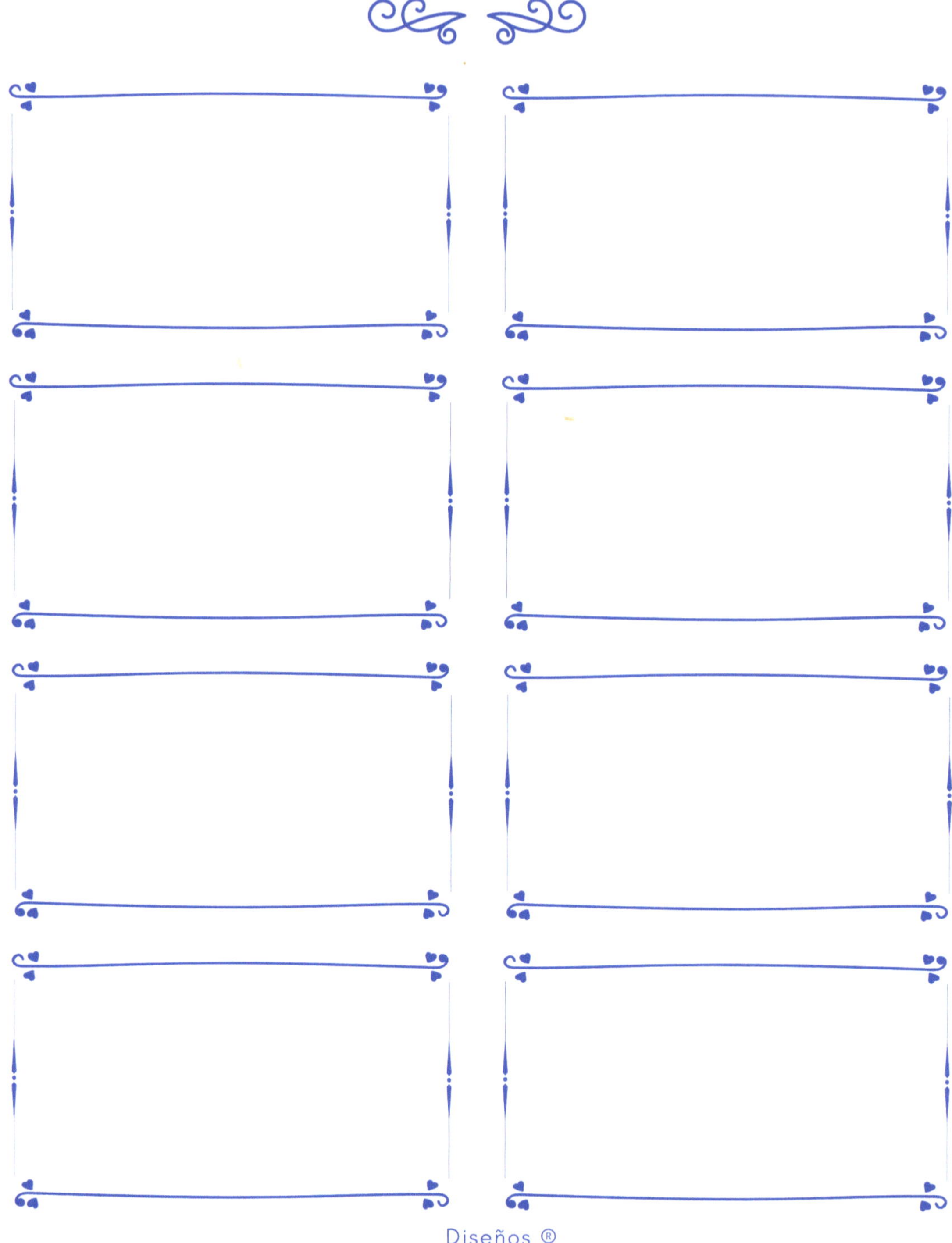

Diseños ®

Elogios listos para recortar, completar y conferir.

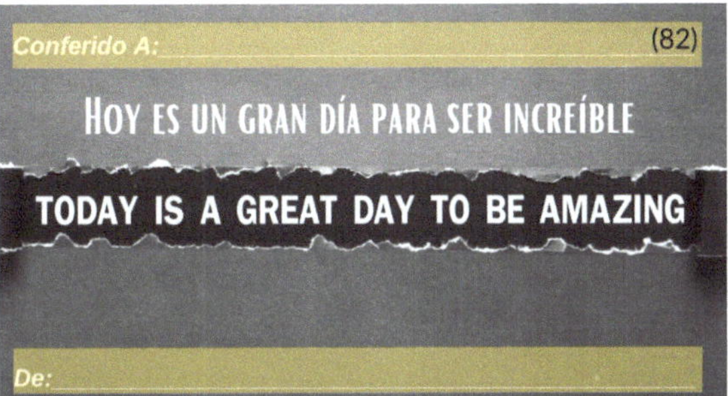

Diseños ®

Impresión del Dorso:
Espacio para mensaje personalizado sobre el elogio
conferido en la parte frontal.

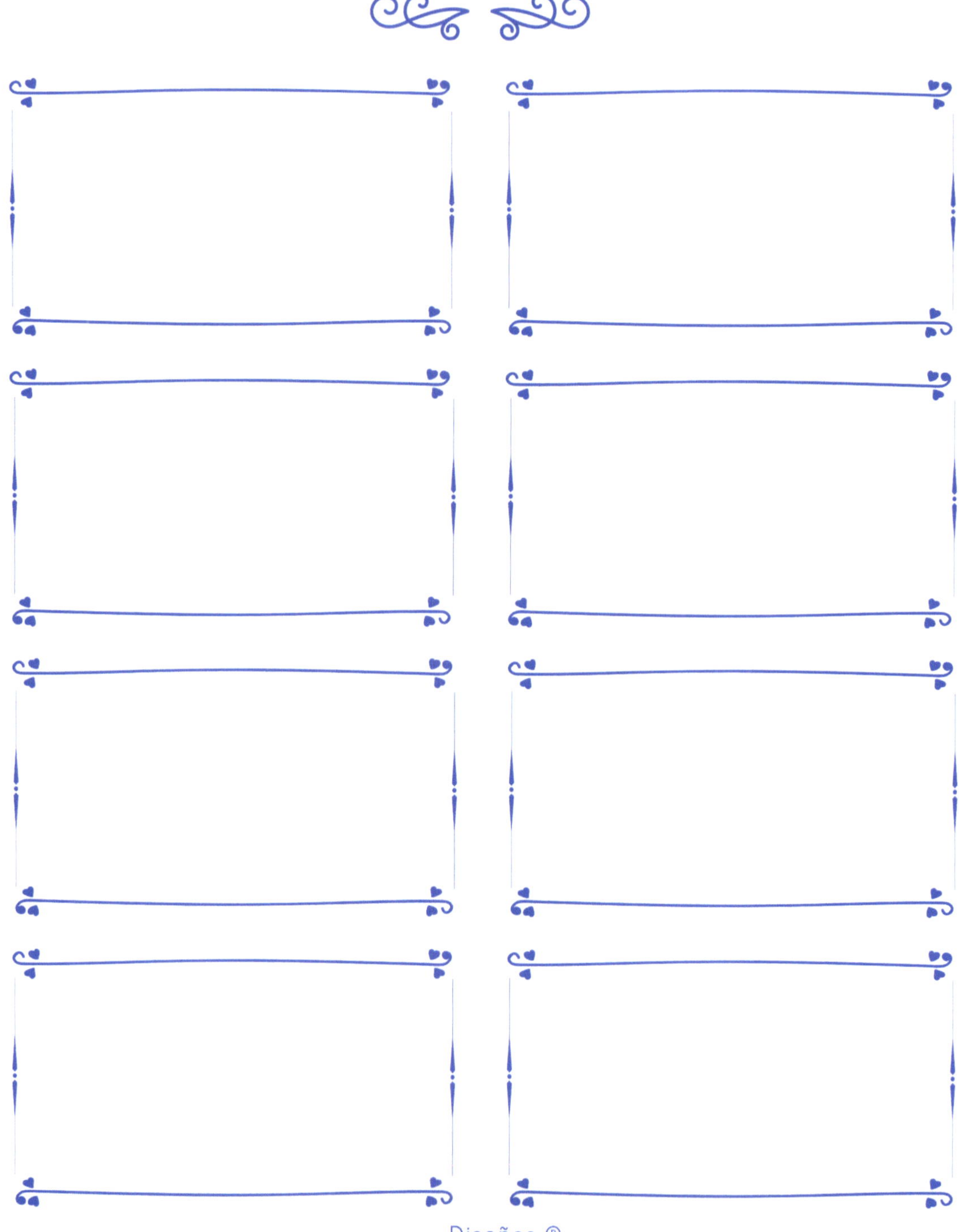

Diseños ®

Elogios listos para recortar, completar y conferir.

Diseños ®

Impresión del Dorso:
Espacio para mensaje personalizado sobre el elogio
conferido en la parte frontal.

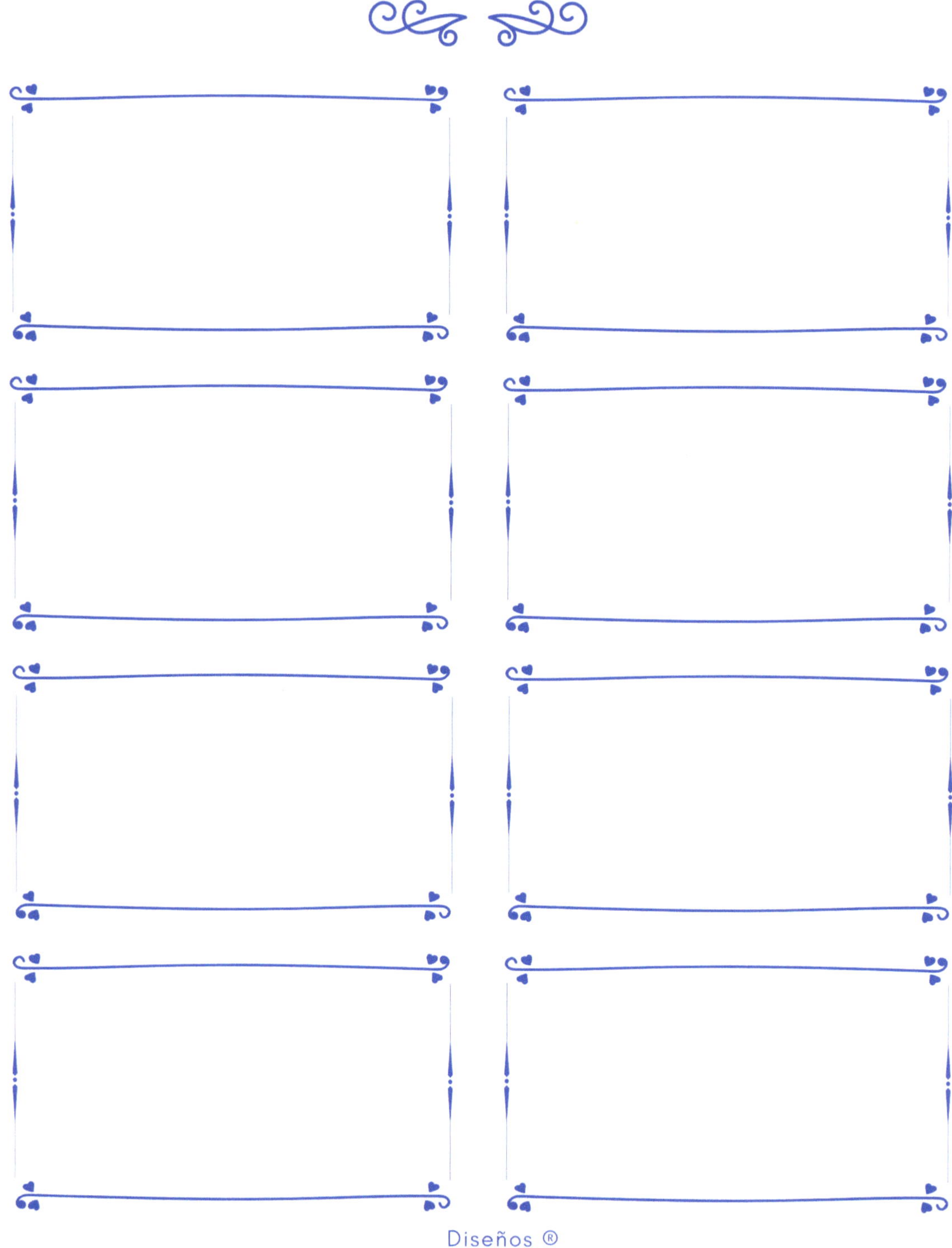

Diseños ®

Elogios listos para recortar, completar y conferir.

Impresión del Dorso:
Espacio para mensaje personalizado sobre el elogio
conferido en la parte frontal.

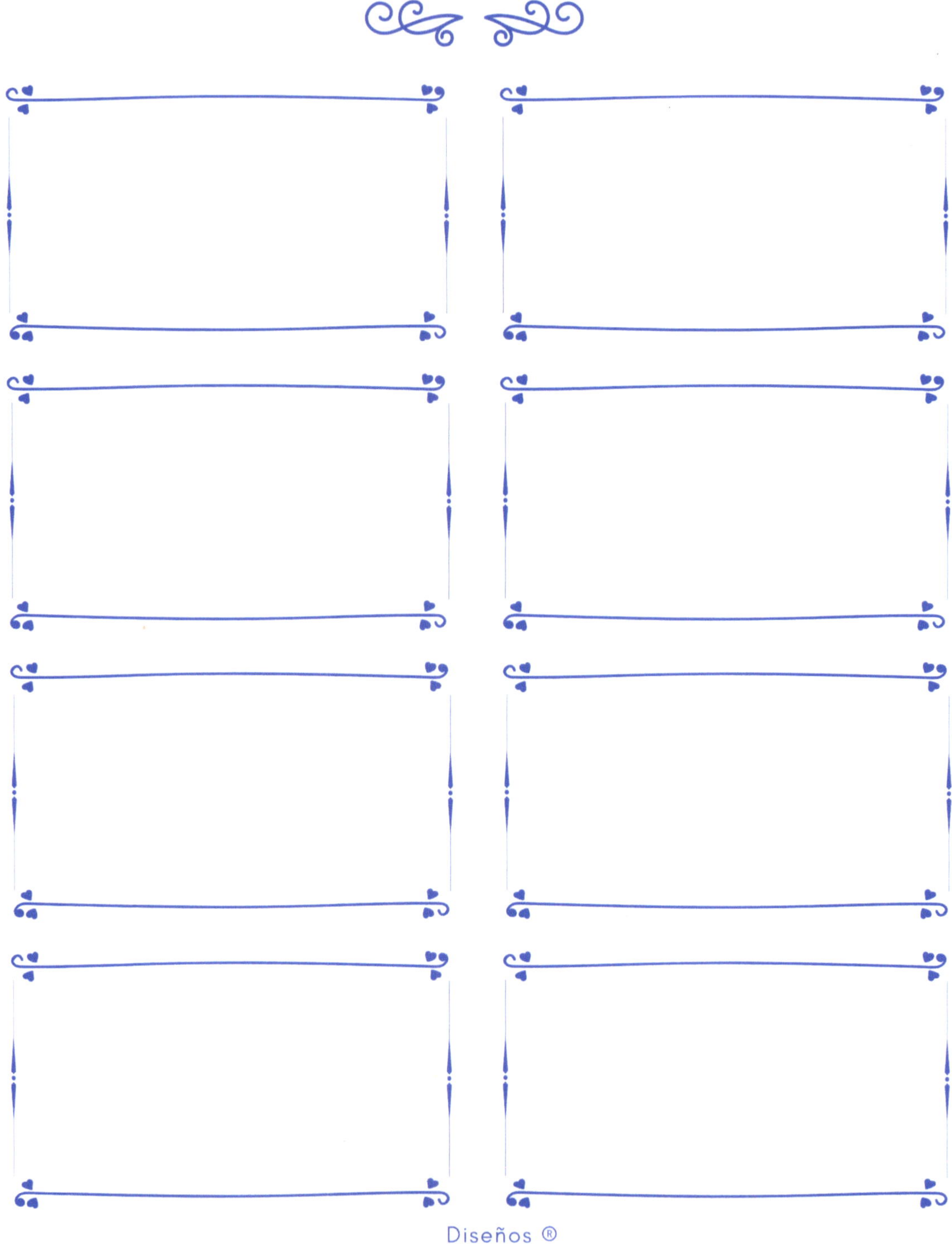

Diseños ®

Elogios listos para recortar, completar y conferir.

Diseños ®

TARJETAS INTERPERSONALES DE ELOGIOS

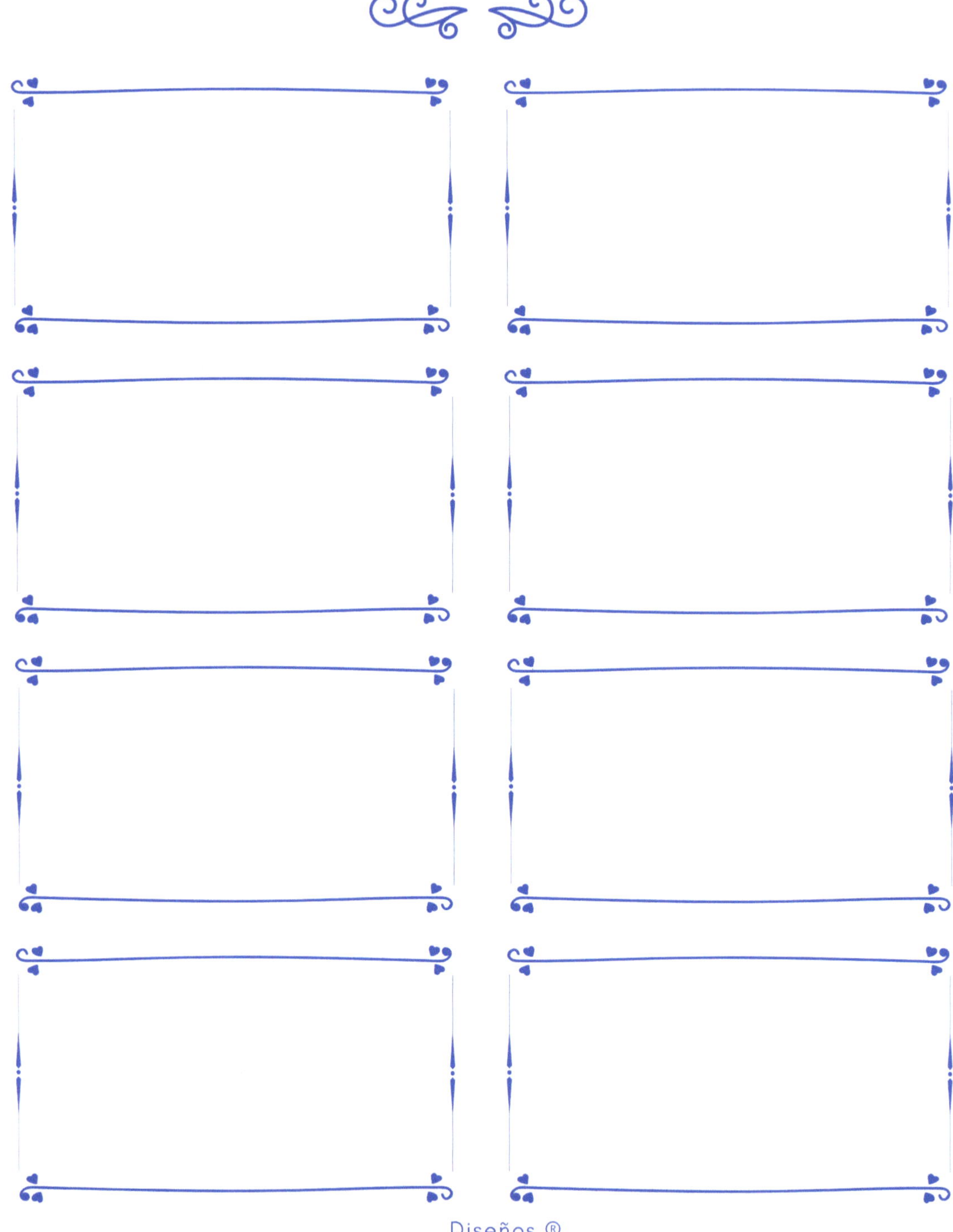

Diseños ®

Elogios listos para recortar, completar y conferir.

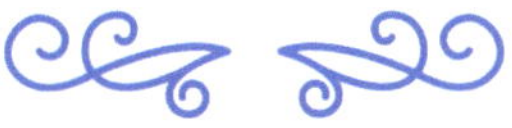

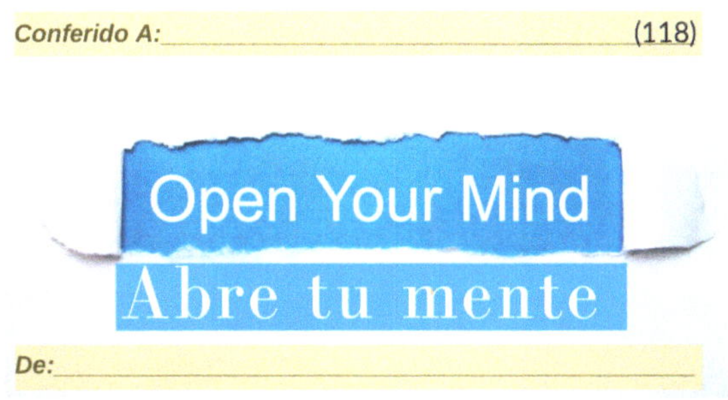

Conferido A: _______________ (113)

De: _______________

Conferido A: _______________ (114)

De: _______________

Conferido A: _______________ (115)

De: _______________

Conferido A: _______________ (116)

De: _______________

Conferido A: _______________ (117)

De: _______________

Conferido A: _______________ (118)

De: _______________

Conferido A: _______________ (119)

De: _______________

Conferido A: _______________ (120)

De: _______________

Diseños ®

Impresión del Dorso:
Espacio para mensaje personalizado sobre el elogio
conferido en la parte frontal.

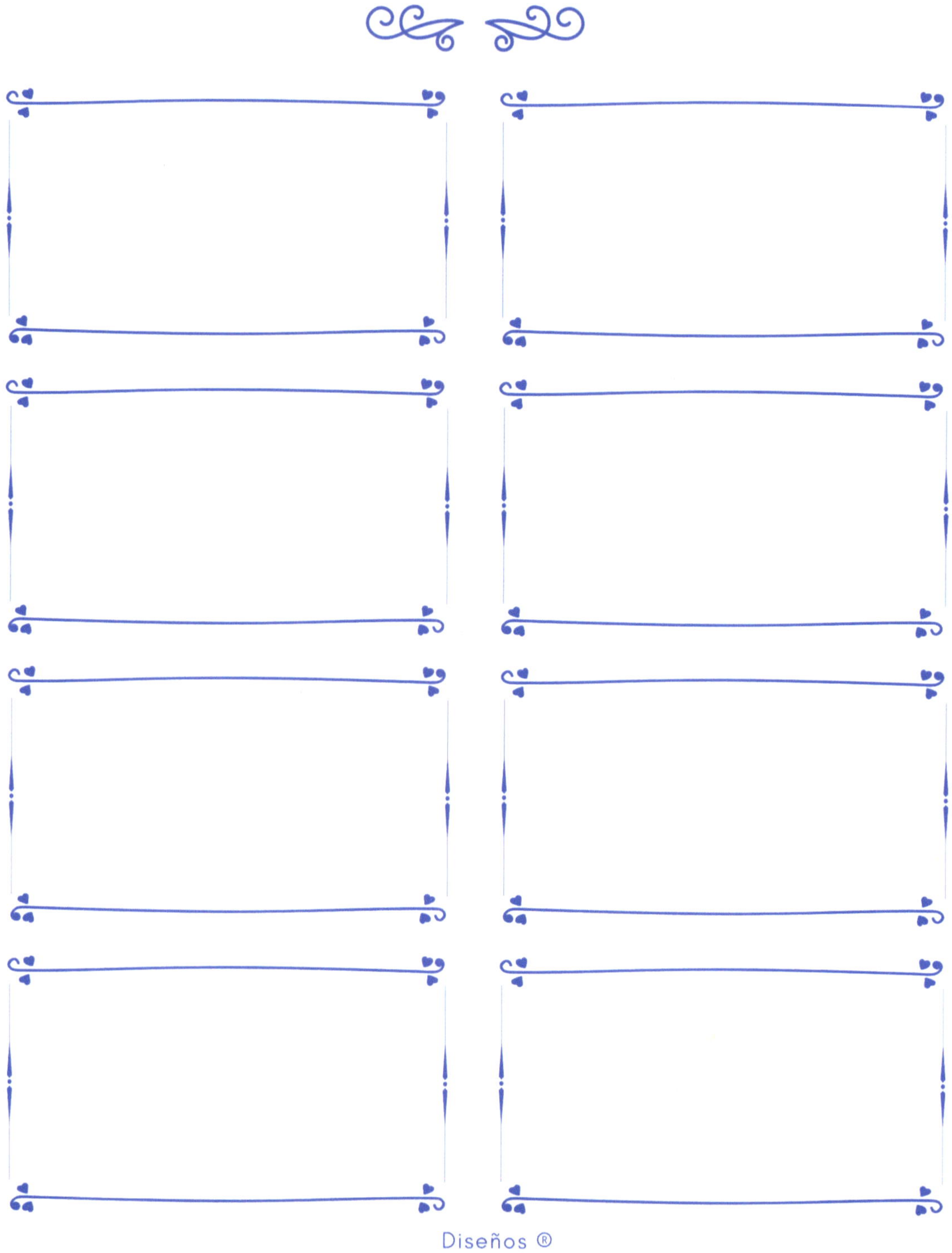

Diseños ®

Elogios listos para recortar, completar y conferir.

Diseños ®

TARJETAS INTERPERSONALES DE ELOGIOS

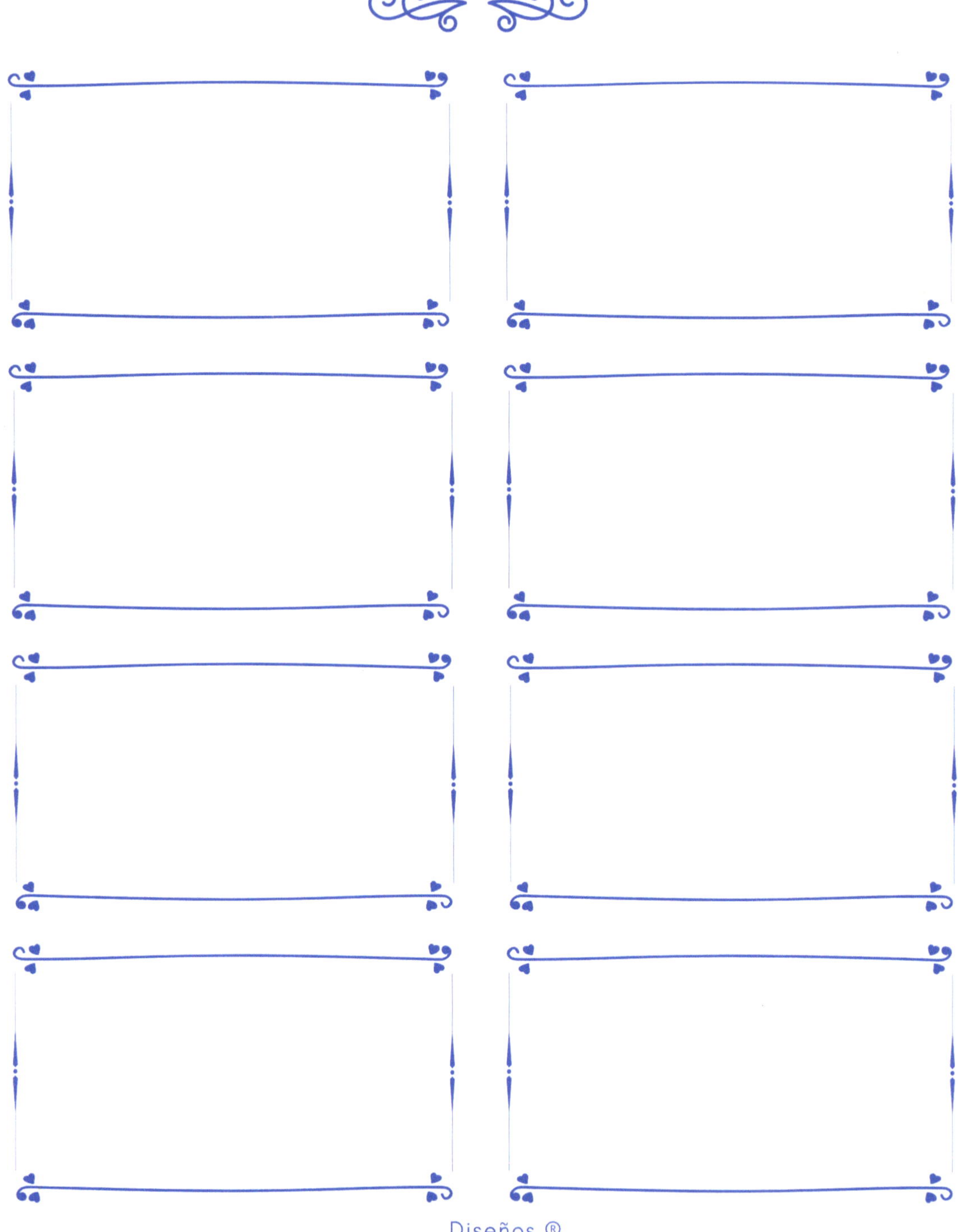

Diseños ®

Elogios listos para recortar, completar y conferir.

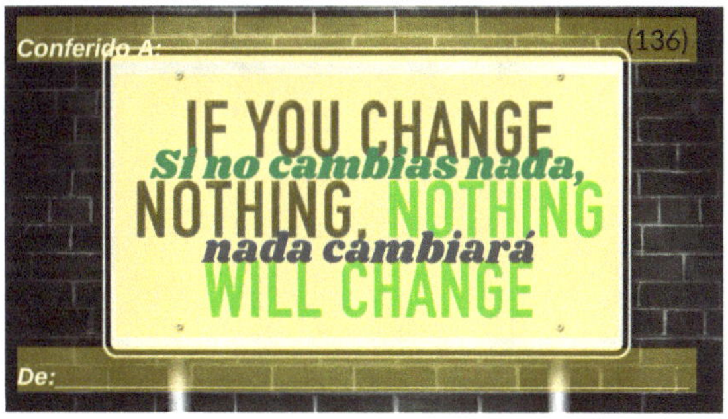

Conferido A:________________________ (129)

De:

Conferido A:________________________ (130)

De:

Conferido A:________________________ (131)
De:

Conferido A:________________________ (132)

De:

Conferido A:________________________ (133)

De:

Conferido A:________________________ (134)

De:

Conferido A:________________________ (135)

De:

Conferido A:________________________ (136)

De:

Impresión del Dorso:
Espacio para mensaje personalizado sobre el elogio
conferido en la parte frontal.

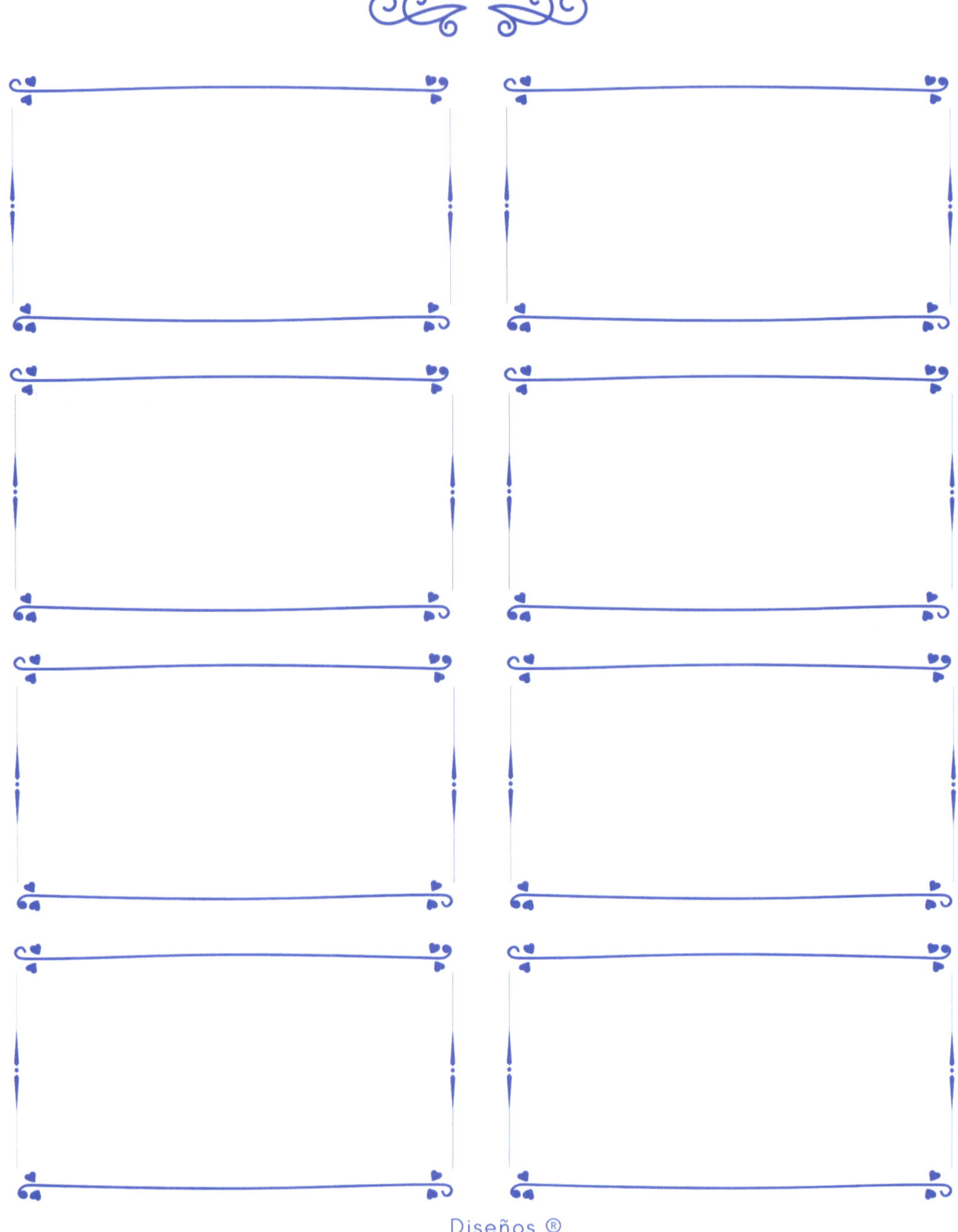

Diseños ®

Elogios listos para recortar, completar y conferir.

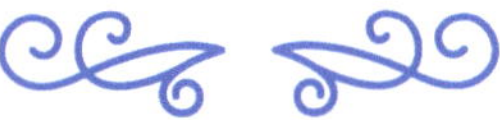

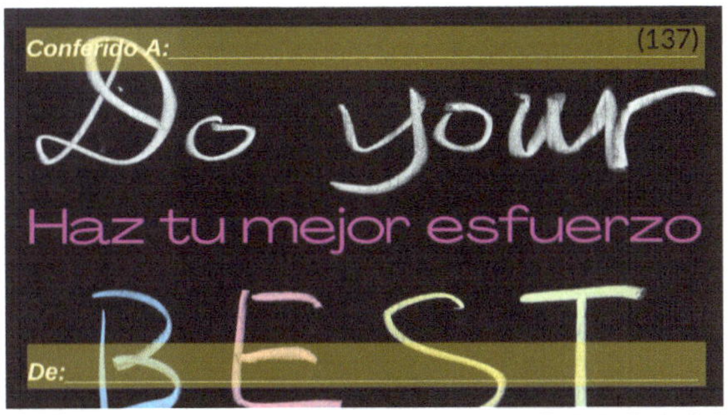

Conferido A: ___________________________ (137)

Conferido A: ___________________________ (138)

Conferido A: ___________________________ (139)

Conferido A: ___________________________ (140)

Conferido A: ___________________________ (141)

Conferido A: ___________________________ (142)

Conferido A: ___________________________ (143)

Conferido A: ___________________________ (144)

Impresión del Dorso:
Espacio para mensaje personalizado sobre el elogio
conferido en la parte frontal.

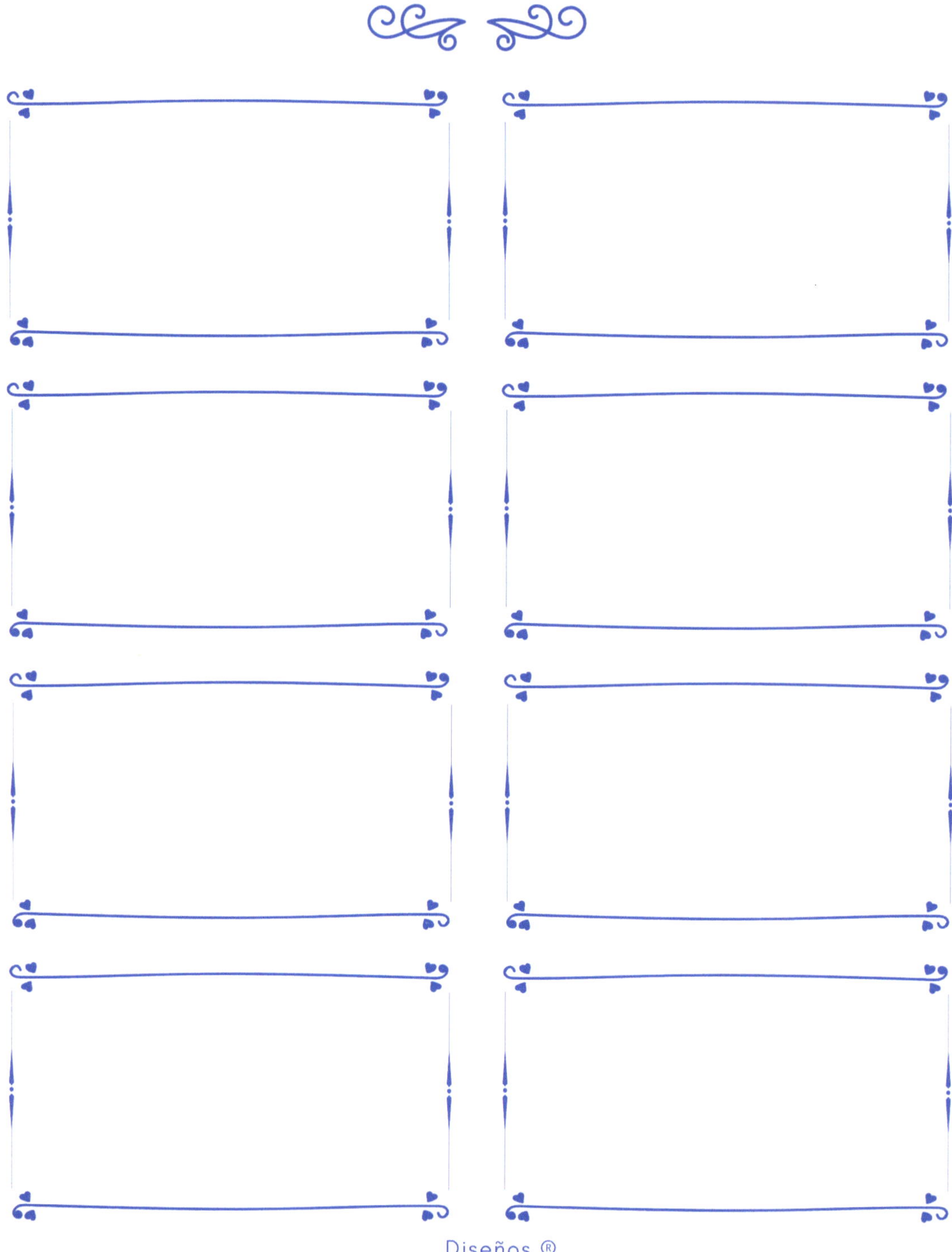

Diseños ®

Elogios listos para recortar, completar y conferir.

Conferido A:_______________ (145)

De:_______________

Conferido A:_______________ (146)

De:_______________

Conferido A:_______________ (147)

De:_______________

Conferido A:_______________ (148)

De:_______________

Conferido A:_______________ (149)

De:_______________

Conferido A:_______________ (150)

De:_______________

Conferido A:_______________ (151)

De:_______________

Conferido A:_______________ (152)
De:_______________

Diseños ®

Impresión del Dorso:
Espacio para mensaje personalizado sobre el elogio
conferido en la parte frontal.

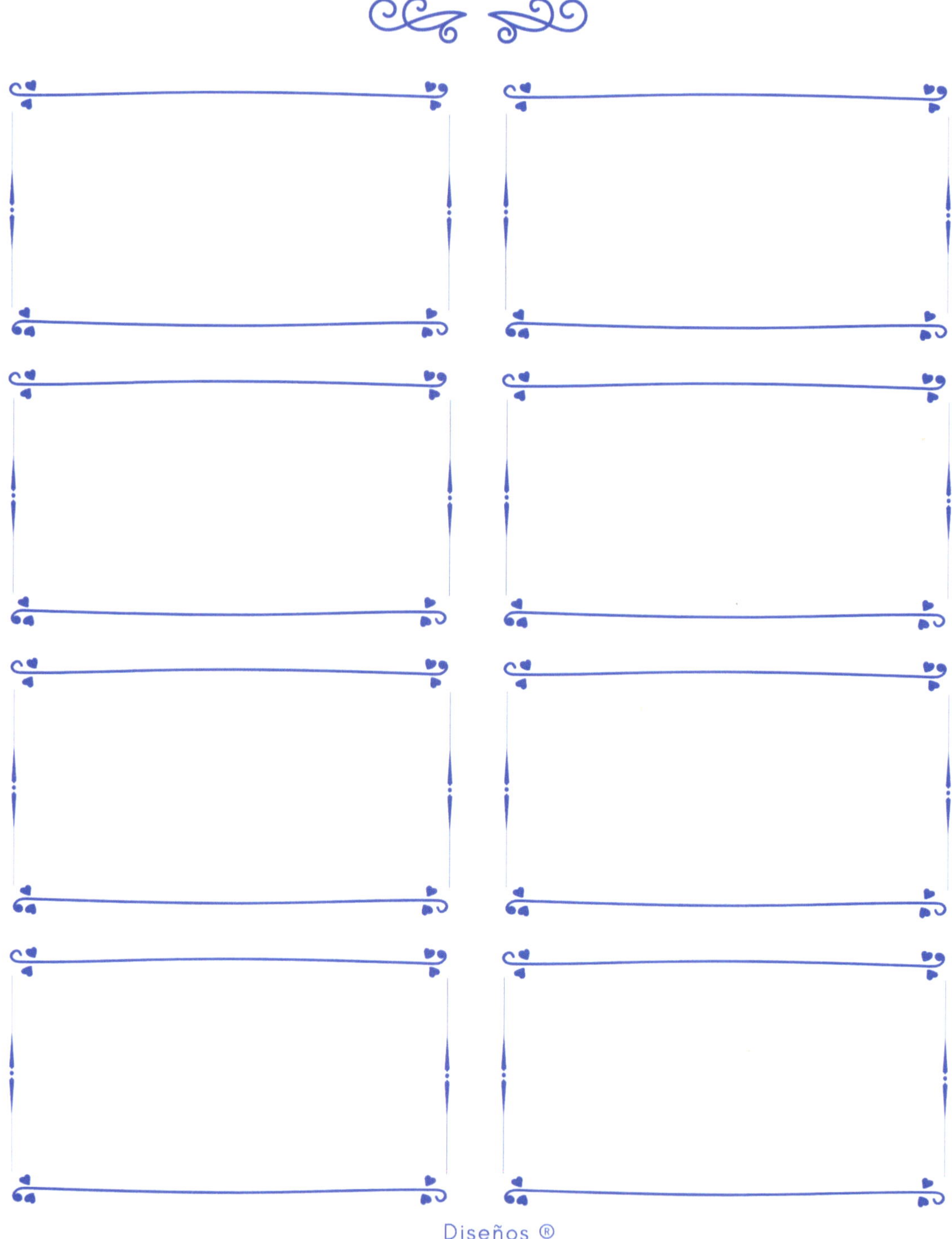

Diseños ®

Elogios listos para recortar, completar y conferir.

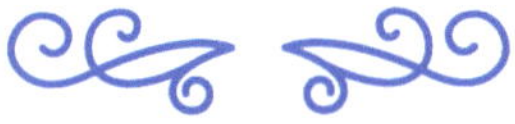

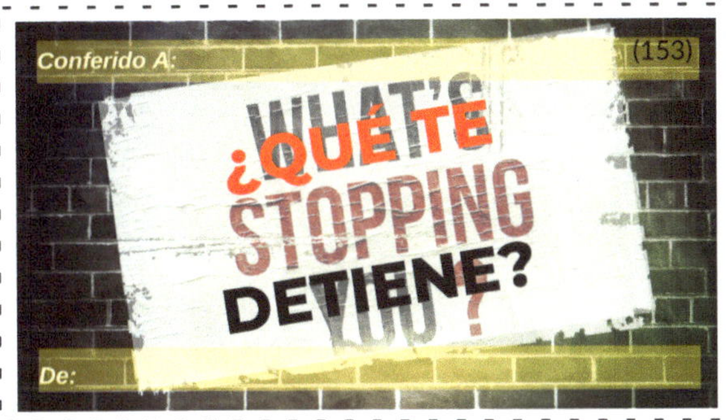

Diseños ®

Impresión del Dorso:
Espacio para mensaje personalizado sobre el elogio
conferido en la parte frontal.

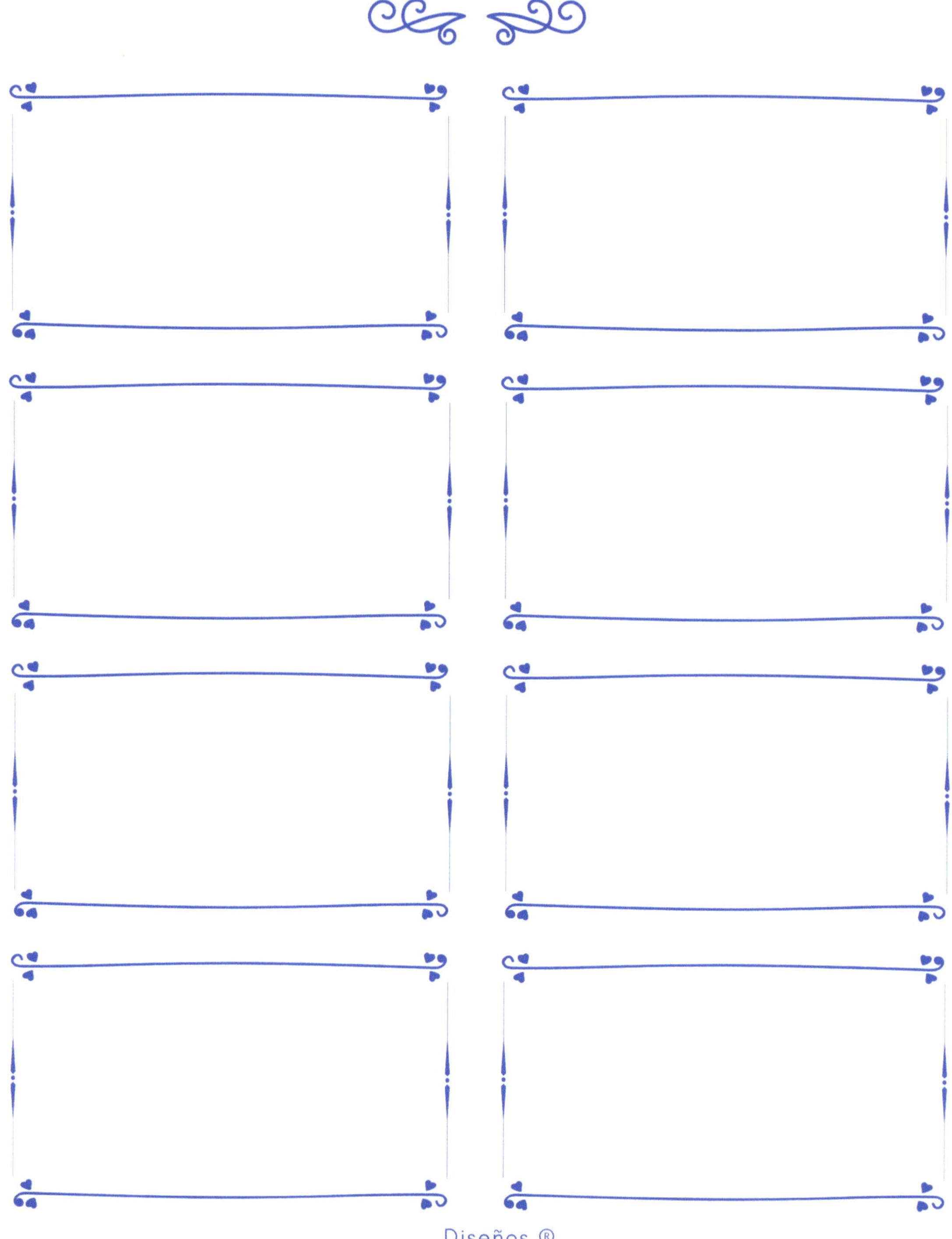

Diseños ®

Elogios listos para recortar, completar y conferir.

Diseños ®

TARJETAS INTERPERSONALES DE ELOGIOS

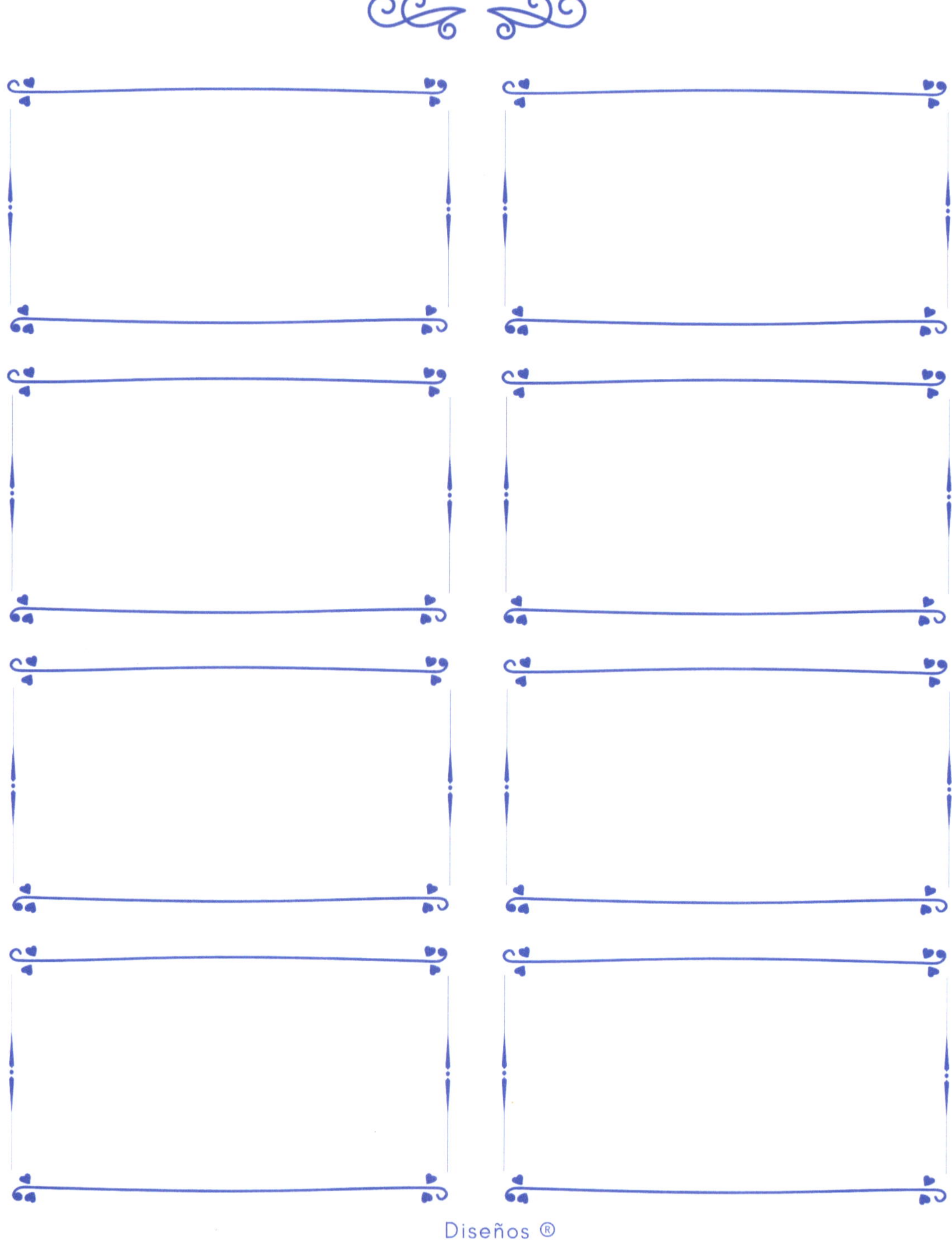

Diseños ®

Elogios listos para recortar, completar y conferir.

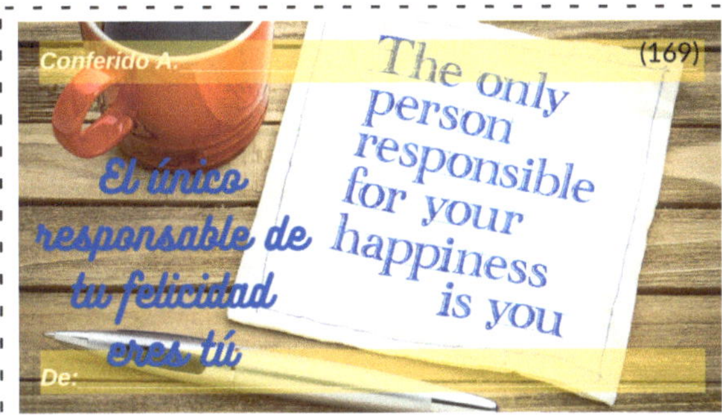

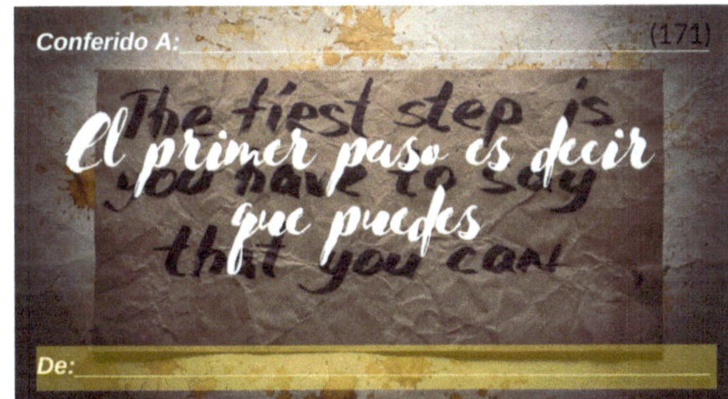

Diseños ®

Impresión del Dorso:
Espacio para mensaje personalizado sobre el elogio
conferido en la parte frontal.

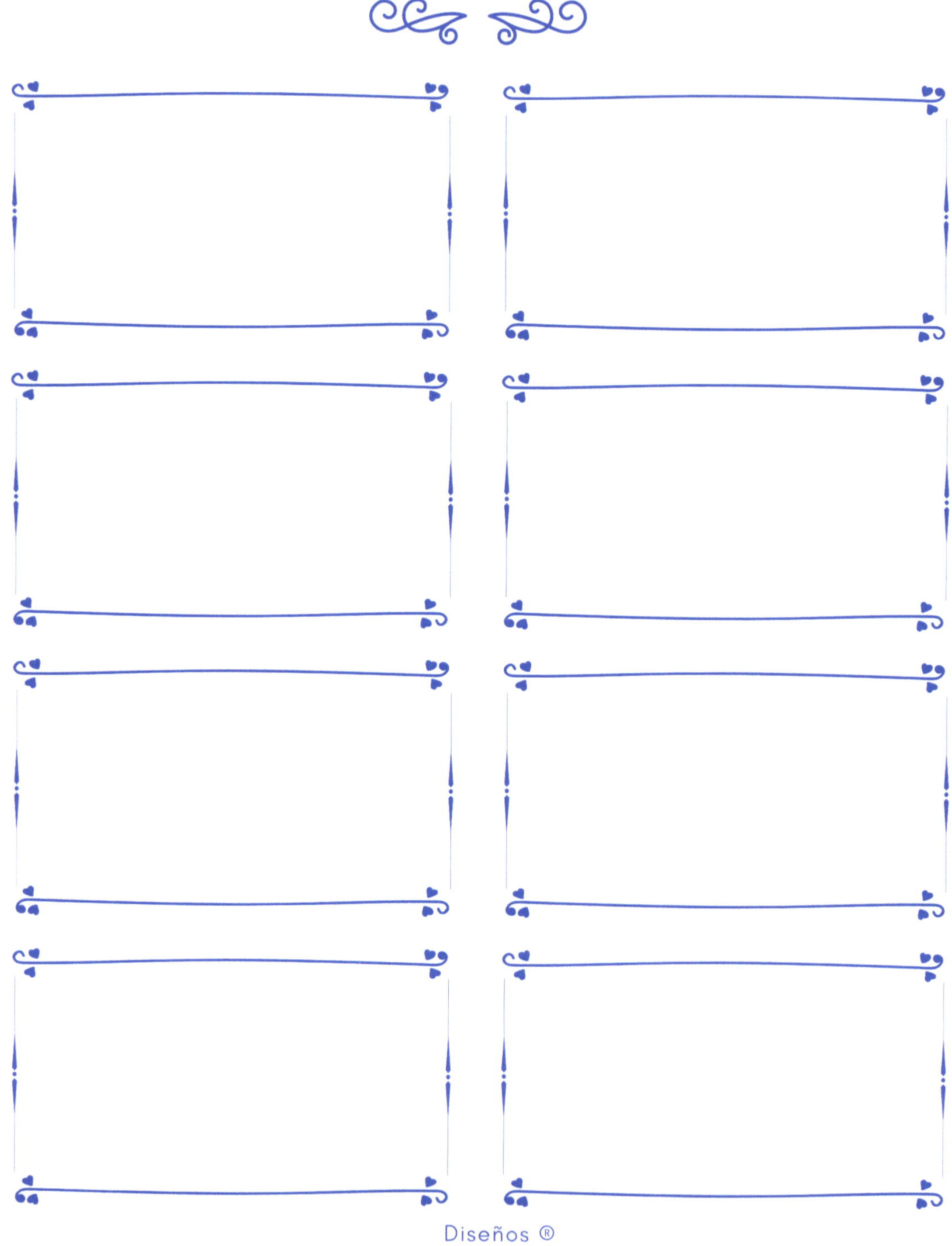

Diseños ®

Elogios listos para recortar, completar y conferir.

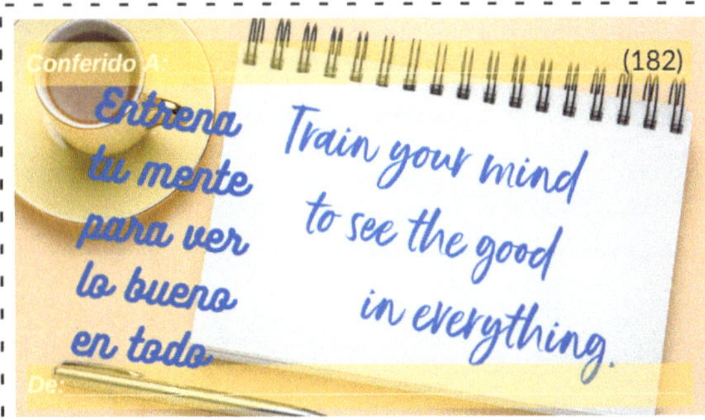

Diseños ®

TARJETAS INTERPERSONALES DE ELOGIOS

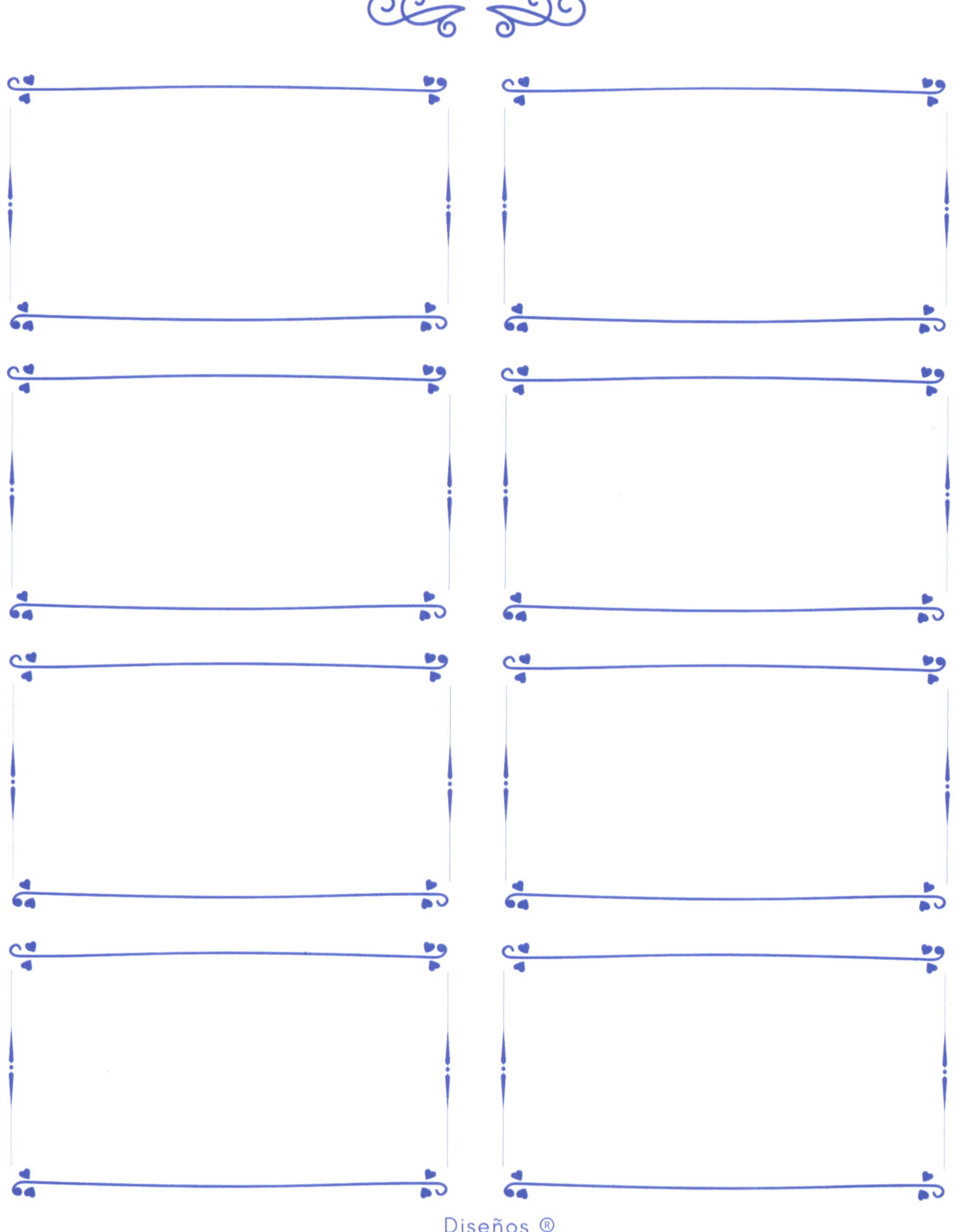

Diseños ®

Elogios listos para recortar, completar y conferir.

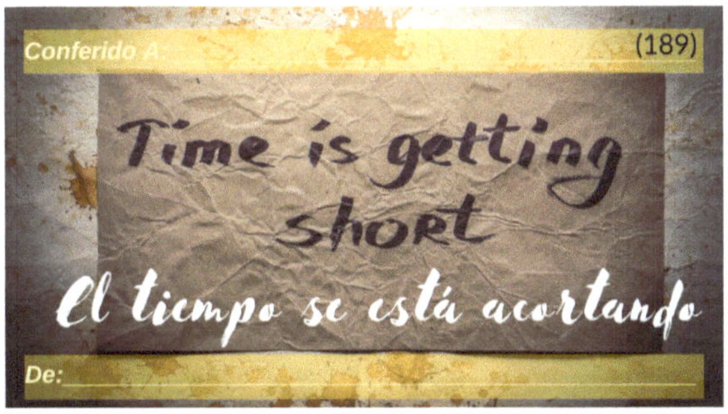

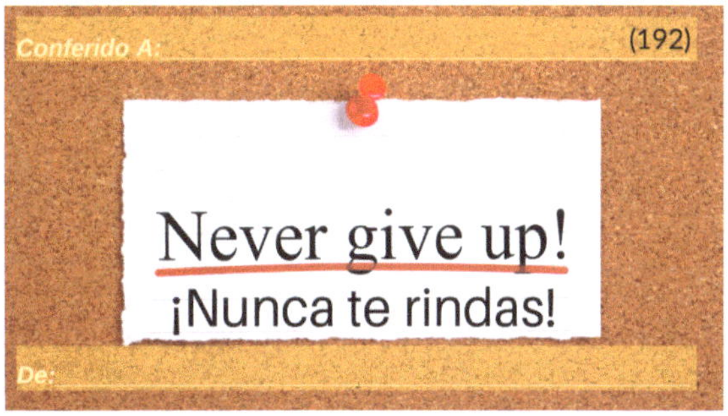

Conferido A: ___________________ (185)

De: ___________________

Conferido A: ___________________ (186)

De: ___________________

Conferido A: ___________________ (187)

De: ___________________

Conferido A: ___________________ (188)

De: ___________________

Conferido A: ___________________ (189)

De: ___________________

Conferido A: ___________________ (190)

Conferido A: ___________________ (191)

De: ___________________

Conferido A: ___________________ (192)

De: ___________________

Diseños ®

TARJETAS INTERPERSONALES DE ELOGIOS

Impresión del Dorso:
Espacio para mensaje personalizado sobre el elogio
conferido en la parte frontal.

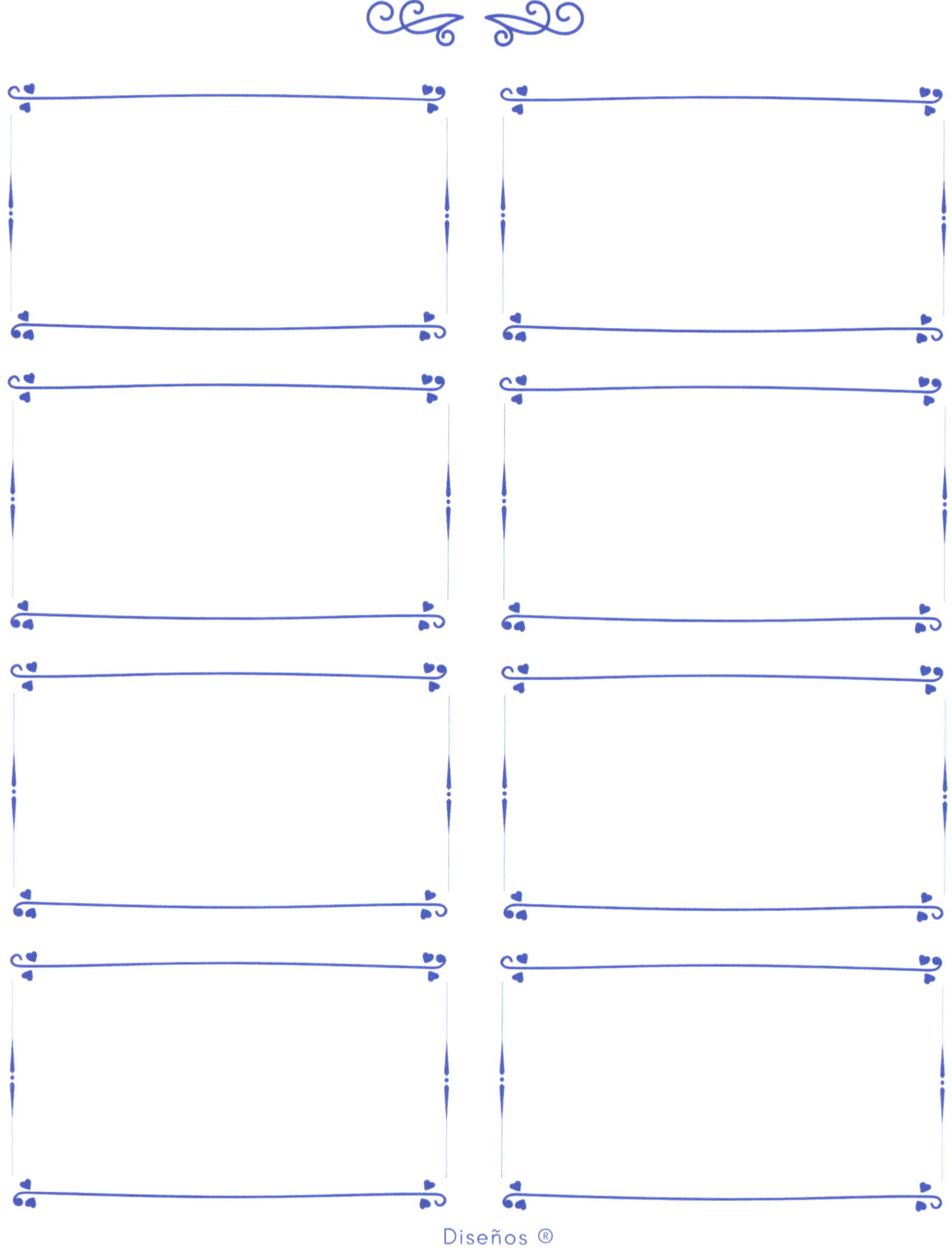

Diseños ®

Elogios listos para recortar, completar y conferir.

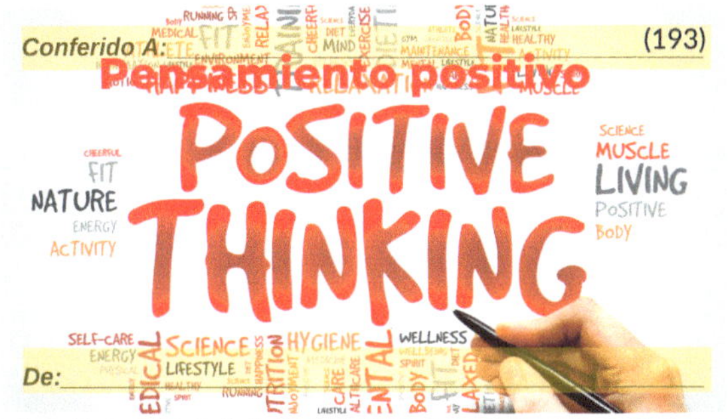

Conferido A: _______ (193)

De: _______

Conferido A: _______ (194)

De: _______

Conferido A: _______ (195)

De: _______

Conferido A: _______ (196)

De: _______

Conferido A: _______ (197)

De: _______

Conferido A: _______ (198)

De: _______

Conferido A: _______ (199)

De: _______

Conferido A: _______ (200)

De: _______

Diseños ®

Impresión del Dorso:
Espacio para mensaje personalizado sobre el elogio
conferido en la parte frontal.

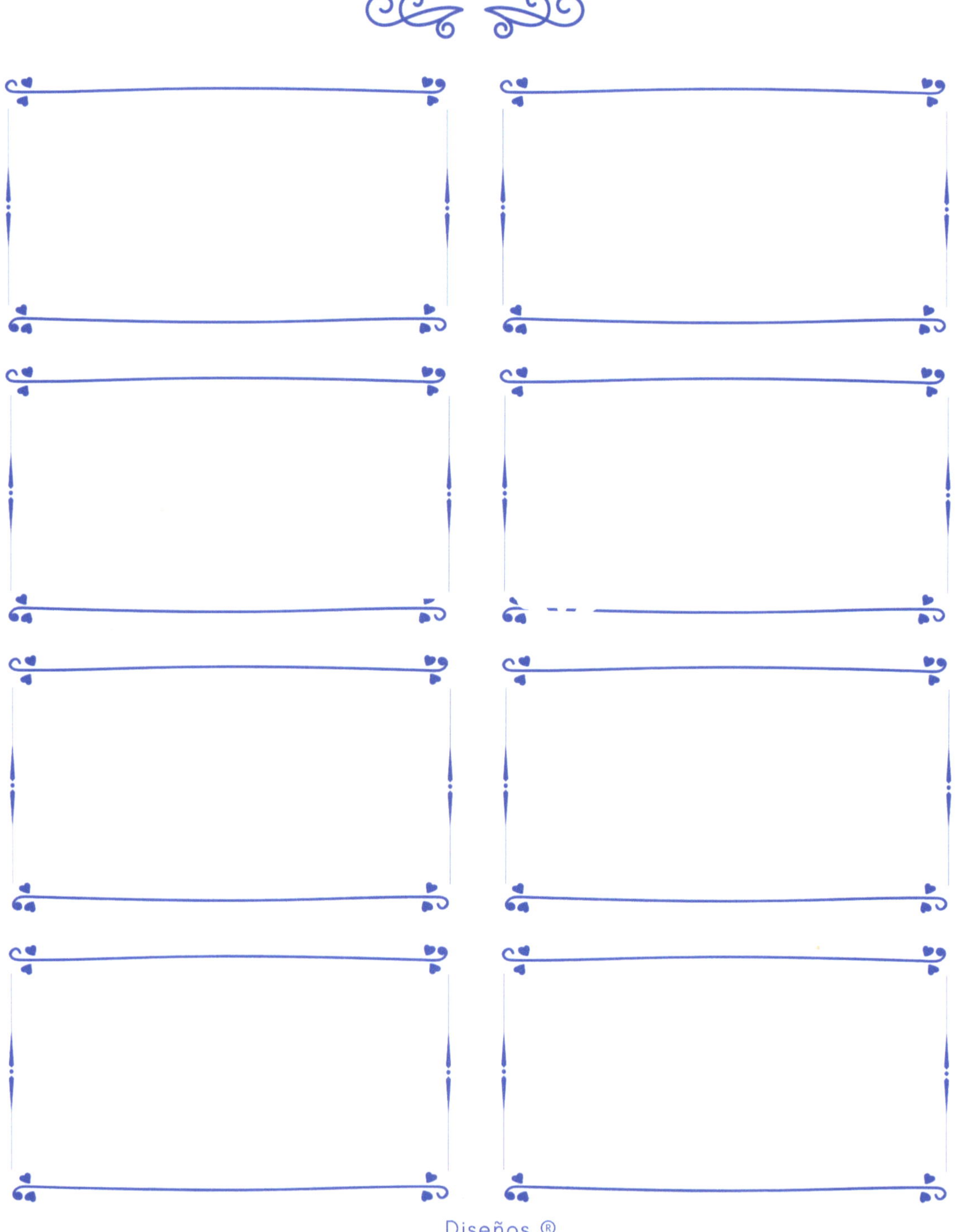

Diseños ®

Que tus decisiones reflejen tus esperanzas, no tus temores.

Nelson Mandela